基礎から学ぶ

中邑光男
Mitsuo Nakamura

A Process Approach to
Business Message Writing

英語ビジネス・ライティング

KENKYUSHA

はじめに

　本書は「英語の基礎は習得したものの、どのようにビジネス英語を学べばよいのか分からない」と感じているあなたのために書きました。

　一般英語もビジネス英語も同じ英語だ、とよく言われます。しかし、一般英語を学んできた人が、inquiry、offer、letter of credit のようなビジネス英語で多用されることばを見ると、一種の「壁」を感じることが多いものです。この壁のためにビジネス英語を敬遠してきた英語学習者は珍しくありません。私は、一般英語とビジネス英語との間に存在するこの壁を乗り越えるための方法を示したいと、長年望んできました。ビジネス英語を学ぶことにより利益を得るのは、仕事で英語を使う人だけではありません。一般英語を学んできた人がビジネス英語を学ぶことによって、英語をより深く理解することができるのです。

　本書は貿易実務の基礎的な解説から始まります。実務の知識のまったくない人を念頭に置き、ビジネス英語の基礎を理解するための最重要項目だけを書いたつもりです。ビジネス英語を学ぶ私たちは、貿易実務の重要な用語や考え方を英語でも説明できなければなりません。第1章の貿易実務の説明に詳細な英語訳をつけたのはそのためです。

　第2章はビジネス英語のエッセンスを表わす100の英文を選びました。英語を話したり書いたりする時にあなたを助けるのは、身体に染み込ませた英語だけだと言えるでしょう。単語ひとつおろそかにせず、この100の文章を音読・暗記して下さい。

　第3章では、分かりやすく説得力のある英語を自信を持って書くための12のメッセージライティングの戦略を取り上げました。「和文英訳」という「窮屈な英作文」でもなく、「パラグラフライティング」という「自由な英作文」ではない、「緩やかなルール」を意識しながら英語を書くことがこの章の目標

はじめに

です。日本語を英訳するという作業をしているだけでは気がつきにくい項目を数多く取り上げました。

第4章はビジネスメッセージ作成のCase Studyです。「状況と課題」から適切な英語を書く「プロセス」を明らかにしました。ビジネス英語の「例文集」を読むだけでは分かりにくい、英語を書く時の「舞台裏」を紹介しています。達意の英語を書くためにはどのように頭を動かせばよいのかを「実況中継」風に再現したつもりです。

本書を読めば、あなたはビジネス英語を学ぶことがどれだけ英語力を引き上げるのかを実感することでしょう。英語の資格試験で高得点を取ることだけが英語学習の目標だと信じている人は、ビジネス英語のおもしろさに目を開かされる思いをするに違いありません。

本書の執筆にあたり、筆者をビジネス英語の道にお導き下さった神戸市外国語大学名誉教授の平田重行先生へ最大の感謝と敬意を表わします。平田先生と同時代に私がこの世に生を受けたことはなんと「ありがたい」ことでしょう。いつも私に研究者のあるべき姿を教えて下さる同志社大学教授の亀田尚己先生への尊敬の念は、私の身体には到底収めることができません。平安女学院大学教授のCurtis Kelly氏と、桃山学院大学助教授のMichael Carroll氏からは私の書いた英文についての適切な、友情あふれるコメントを頂戴しました。

最後になりましたが、私にとって初めての単著執筆において、企画段階から最終校正に至るまでに大変お世話になった杉本義則氏と山口晴代氏にこの場を借りてお礼申し上げます。

2003年9月

中 邑 光 男

はじめに　iii

第1章　英語と共に学ぶ貿易実務の基礎　1

- A. 取引先の開拓　4
- B. 取引先の信用調査　5
- C. 引き合い　6
- D. 品質　7
- E. 数量　8
- F. 価格　10
- G. 船積　12
- H. 決済　13
- I. 保険　15
- J. 申込み　19
- K. 売買契約　21
- L. 価格の設定方式　23
- M. 代金決済の方法　27

第2章　ビジネス英語スタンダード100　37

- A. 社交文　40
- B. 取引先の開拓　42

目次

　　C.　信用照会とその回答　　44
　　D.　引き合いとその回答　　46
　　E.　申込み　　50
　　F.　注文　　57
　　G.　船積　　63
　　H.　決済　　68
　　I.　苦情　　71

第3章　メッセージライティングの戦略を学ぶ　　77

　　戦略 No. 1　パラグラフの構造を意識すべし　　81
　　戦略 No. 2　第1パラグラフの定型表現を活用すべし　　87
　　戦略 No. 3　最終パラグラフの定型表現を活用すべし　　91
　　戦略 No. 4　情報の新旧を意識すべし　　95
　　戦略 No. 5　時間軸を追いながら書くべし　　100
　　戦略 No. 6　因果の順序で情報を提示すべし　　104
　　戦略 No. 7　S＋V＋O を活用すべし　　111
　　戦略 No. 8　「最小情報単位」を早く示すべし　　117
　　戦略 No. 9　動詞を中心に英語を書くべし　　123
　　戦略 No. 10　情報の重要性や関連を示すべし　　127
　　戦略 No. 11　英語の敬語を使いこなすべし　　136
　　戦略 No. 12　前例主義を守るべし　　145

第4章　ビジネスメッセージの書き方を学ぶ　　149

　　Case Study No. 1　礼状　　152
　　Case Study No. 2　引き合い1　　158
　　Case Study No. 3　引き合い2　　166

Case Study No. 4　申込み1　　175
Case Study No. 5　申込み2　　182
Case Study No. 6　反対申込み1　　189
Case Study No. 7　反対申込み2　　195
Case Study No. 8　反対申込み3　　206
Case Study No. 9　個人的依頼を断るメッセージ　　214
Case Study No. 10 断り状　　220

第1章
英語と共に学ぶ貿易実務の基礎

貿易実務を理解しながらビジネス英語を学ぶ

　私がよく受ける質問に「ビジネス実務をほとんど知らないのですが、ビジネス英語の勉強は可能でしょうか?」というものがあります。私はこの質問に「残念ながら、それは不可能です」と答えてきました。

　Krashenという言語習得理論学者がいます。彼は、語学力を伸ばすために最も効果的な方法は「意味を理解しながら外国語をインプットすること」だと解きました。つまり意味の分からない英語をどれだけ聞き、読んでも、英語の習得はおぼつかないと主張したのです。

　私たちが「ことばの意味」を理解するということは、「ことば」とそれが指し示す「もの」とを結びつけることを意味します。ビジネス英語の習得において、この「もの」にあたるのが実務知識ですから、ビジネス実務の知識なしにビジネス英語の意味を理解することは不可能だと言えるのです。ビジネス英語だけをいくら勉強しても、ビジネス実務の知識がなければ、力が伸びることはありません。

　「英語ができればビジネスメッセージなんかすぐに書けるよ」という意見や「彼女は帰国子女だからビジネス英語の習得も簡単さ」という考え方は、この点で間違っていることが分かります。たとえ英語のネイティブスピーカーであっても、ビジネス英語と実務との関係を知らなければ、英語のビジネスメッセージを理解することは不可能なのです。

　このように、ビジネス英語を学ぶためにはビジネス実務は不可欠の知識だと言えます。しかし、ビジネス実務には複雑でとっつきにくい感じがするのも事実です。そこで本章では、今までに国際ビジネス実務を学んだことのない人のために、必要最低限のポイントをまとめてみました。実務内容の大きな流れを押さえ、実務でやりとりされる書類の意味を押さえることに力点を置いたつもりです。

　なお、私たちはビジネス英語を学ぶために実務内容に触れるのですから、実務内容を英語でも理解することが重要です。そこで実務の重要な用語にできるだけ英訳を書き添えました。英語と共に貿易実務の基礎を学んで下さい。

第1章　英語と共に学ぶ貿易実務の基礎

A. 取引先の開拓

あなたが勤めている日本企業が海外での商品販売を希望しているとしましょう。担当者となったあなたはまず<u>1)商品を売り込む相手先</u>を探さなければなりません。国内の事情とは異なり、情報の乏しい外国企業とビジネスをするのですから、取引相手を探すためには多くの情報が必要です。

<u>2)見込み客</u>の多い国はどこか、どの企業と<u>3)取引関係を結ぶ</u>べきか、どうすれば効果的で効率的な<u>4)流通チャネルを作り上げる</u>ことが可能か、など必要とする情報は様々です。

このような情報の全てを自社だけで収集することが不可能な時もあるでしょう。その場合には、<u>5)商社</u>、銀行、<u>6)ジェトロ（日本貿易振興会）</u>、<u>7)商工会議所</u>、相手国の在日<u>8)領事館</u>、<u>9)大使館</u>などから、海外進出に関する情報を収集することができます。なお、この中では<u>10)自社の取引銀行</u>から情報を求める企業が多いようです。

最近では<u>11)インターネットで情報を提供している企業も増えていますので、情報収集のためには<u>12)コンピュータ・リテラシー</u>も欠かせません。

1) market your goods

2) prospective customer
3) establish business relationship
4) develop distribution channels

5) trading company
6) JETRO = Japan External Trade Organization
7) 例:「大阪商工会議所」= The Osaka Chamber of Commerce and Industry
8) consulate
9) embassy
10) our bank [bankers]
11) on the Internet
12) computer literacy

B. 取引先の信用調査

情報社会の現在においては、以前に比べて、取引候補先を探すのも楽になりました。1)<u>取引相手をクリック1つだけで調べることもできる</u>時代となったのです。

しかしながら、取引候補と即座に 2)<u>取引関係に入る</u>のは非常に危険です。文化、経済、3)<u>ビジネス習慣</u>などを異にする外国の企業と取引をするためには、相手が十分に信頼できる企業なのかを事前に調査しなければなりません。これを 4)「<u>信用調査</u>」と呼びます。信用調査では取引候補企業に関して次の3点 (3 C's) を調べます。

- Character: 相手企業の性格
  - (例) 5)<u>評判</u>、支払い能力、経営者の人物像
- Capacity: 相手企業の経営能力
  - (例) 6)<u>得意先</u>、取引銀行、7)<u>売上高</u>
- Capital: 相手企業の資本
  - (例) 8)<u>資本金</u>、9)<u>預金</u>、10)<u>資産</u>

企業の信用調査には下記の3つの方法が使われますが、11)「<u>銀行信用紹介先</u>」を利用することが最も多いと言えるでしょう。そのため、取引相手へ初めて出すメッセージに 12)「<u>当社の信用調査に関してはAAA銀行横浜支店にお問い合わせ下さい</u>」と前もって書くことがあります。

- 銀行信用紹介先
  - 海外企業が「取引銀行」を信用紹介先とし

1) Your business partner may be just a click away.

2) enter into business relations
3) business practices

4) credit inquiry

5) reputation

6) customer
7) sales
8) capital stock
9) deposit
10) assets

11) bank reference

12) We refer you to AAA Bank, Ltd., Yokohama, for any information on our business standing.

て指定した場合、日本企業は自社の取引銀行を通じて、指定された銀行へ信用調査を依頼しなければなりません。相手企業の取引銀行へ直接、信用調査を依頼することはできません。なおこの方法は、13)「この企業は、貴社が信頼することができるものとして推薦します」などという銀行の意見が付加されるので、国際ビジネスにおいて重宝されています。

□ 14)同業者信用紹介先
相手企業と取引関係のある 15)同業者の名前が信用紹介先としてあげられている場合がこれです。その同業者に調査を直接依頼します。

□ 16)信用調査機関への依頼
専門的な調査機関に信用調査を依頼することです。日本の帝国データバンク社やアメリカの **Dun and Bradstreet** が有名で、膨大なデータベースを使い、信頼性の高い情報を提供しています。

13) We recommend this corporation as worthy of your full confidence and consideration.

14) trade reference

15) business friend

16) credit bureau

C. 引き合い

　信用調査の結果、取引相手に問題がないと分かれば、その企業に商品の売り込みを始めます。輸出商品の 1)見本、2)カタログ、3)値段表などを、

1) sample
2) catalog
3) price list

4)カバーレターと共に相手方へ送ります。カバーレターには、① 相手方を知った経緯、② 自社の紹介、③ 問い合わせ内容、④ 自社の信用紹介先、⑤ 取引の成功希望、を書くのが普通です。

この売り込み努力により、5)買主があなたと取引をすることに興味を持つと、買主は知りたい情報について、あなたへ 6)引き合いを行ないます。引き合いとは 7)質問し情報を得ることという意味です。

買主が引き合う項目には、8)品質、9)数量、10)価格、11)船積、12)決済、13)保険が含まれます。これから、以上の契約項目のひとつひとつを詳しく見ていきましょう。

4) cover(ing) letter

5) The buyer is interested in doing business with the seller.
6) inquiry
7) to inquire = to ask somebody for information
8) Quality
9) Quantity
10) Price
11) Shipment
12) Payment
13) Insurance

D. 品　質

1)品質については、① 品質をどのように決めるのか、② 品質をいつ決めるのか、という2点について合意しなければなりません。

1) quantity

① 品質をどのように決めるのか

品質を決める方法には、繊維品や雑貨のように見本で決める方法、機械や器具のように 2)仕様書により決める方法、品質がよく知られている商品のように 3)銘柄や 4)商標で決める方法、農産物のように等級に応じての 5)標準品で示す方法があります。

2) specifications
3) brand
4) trade mark
5) standard [type]

たとえば [6]見本売買では、見本の品質と実際に売買する商品の品質が同じである、という前提で品質について話し合いを進めます。ただし場合によっては、見本の品質だけが素晴らしいということもあり得ます。そのような可能性を危惧する時には、買主は [7]「商品の品質は見本と同じであること」とあなたに断りを入れるべきです。

6) sale by sample

7) The quality of the goods must be equal to that of the sample.

② いつ品質を決めるのか

品質を決定する時点は、[1]農作物のように [2]品質が変化しやすいものを取り扱う場合に、特に重要です。売主が「商品を船積する時点まで品質を保証する」という [3]船積時品質条件か、それとも「輸入国で陸揚する時点まで品質を保証する」という [4]陸揚時品質条件かがポイントです。なお、実際のビジネスでは船積時品質条件を使う場合のほうが多いようです。

1) produce
2) tend to change in quality
3) Shipped Quality Conditions
4) Landed Quality Conditions

E. 数　量

数量に関しては、①どの単位を使うのか、②数量の過不足にどう対処するのか、③購入する数量になんらかの条件はあるのか、という点を取り決めます。

E. 数量

① どの単位を使うのか

　売買する商品の数量を、1)個数、2)サイズ、3)長さ、4)重量、5)容積のどの単位で決定するのかを決めます。ここで注意しなければならないのは、「同じ名前の単位」が「異なる内容量」を指す場合があることです。たとえば「ガロン」という容積単位には、

- □ 1 米ガロン（US gallon）= 約 3.8 リットル
- □ 1 英ガロン（UK gallon）= 約 4.5 リットル

の違いがあります。また「トン」という重量単位を使うと決めても、

- □ 1 英トン（Long Ton）= 1,016 kg
- □ 1 米トン（Short Ton）= 907 kg
- □ 1 メートルトン（Metric Ton）= 1,000 kg

の種類があるのです。そのため、単位を細かに指定しなければならない場合があります。

1) piece
2) size
3) length
4) weight
5) measurement

② 数量の過不足にどう対処するのか

　1)穀物や2)繊維などのビジネスでは、取り決めた数量を正確に売買することは困難です。このような場合、あなたと買主はどの程度数量の過不足を認めるのかを定めなければなりません。

　あなたと買主が、3)信用状（p. 27 参照）という代金回収方法を使い、4)信用状統一規則に従うと合意した場合、数量の前に about、approximately、circa などのことばがつけば、5)「10% を超えない過不足を許容しているものと解される」という信用状統一規則の規定に従います。

1) grain
2) textile
3) a letter of credit; an L/C
4) The Uniform Customs and Practice for Documentary Credits
5) construed as allowing a difference not to exceed 10% more or 10% less than the quantity

しかし信用状を使わない取引の場合には、⁶⁾「5%の過不足が許可される」などと契約書に書くことが望ましいでしょう。

③ 購入する数量になんらかの条件はあるのか

入手困難な商品を販売する場合、あなたは¹⁾「最高注文数量は4カートンです」などと断ることが必要です。

また、あなたが²⁾注文生産を受けた時には、³⁾取引に赤字を出さないためにも、⁴⁾最低注文数量を決めておかなければなりません。たとえば、⁵⁾「最低注文数量は50台であることにご注意下さい」などと明記します。

6) A tolerance of 5% more or 5% less will be permissible.

1) The maximum order is (for) four cartons.
2) production to order
3) so as not to make a loss on the transaction
4) the minimum order
5) Please note that the minimum order is (for) fifty units.

F. 価　格

価格を決める話し合いは、国際ビジネスの交渉の中で¹⁾最重要課題だと言えるでしょう。多くの場合、価格は²⁾1回のメッセージのやりとりで決まるものではありません。買主は、³⁾あなたが提示した価格と買主の⁴⁾国内での販売価格を⁵⁾はかりにかけ、⁶⁾値段交渉を行なわなければなりません。

値段交渉以外に価格について取り決める内容には、① どの⁷⁾通貨を使うのか、② どの価格計算方法を使うのか、という2点があります。

1) the crux of the matter
2) an exchange of business messages
3) the price proposed by the seller
4) the domestic selling price
5) weigh; compare
6) price negotiation
7) currency

F. 価格

① どの通貨を使うのか

あなたと買主の¹⁾力関係、²⁾為替相場、その商品の取引慣習などによって、あなたの国の通貨、買主国の通貨、第三国の通貨のうちどの通貨を使うのかを決定します。

たとえば、あなたが「ドル」を使ってアメリカの買主と取引する場合を考えましょう。³⁾為替レートが急激に変動しても、アメリカの買主はあなたにドル建てによる契約金額を支払うので、その影響を受けることはありません。

反対にあなたは大きな影響を受けることになります。⁴⁾ドル安であれば思ったほどの「円」を手に入れることができませんし、反対に⁵⁾ドル高の時には予想以上の「円」を手に入れるからです。

もちろん企業には刻々と変わる為替相場に⁶⁾一喜一憂する余裕はありません。そこであなたが⁷⁾外貨で取引する場合には、銀行と⁸⁾為替予約と呼ばれる約束を交わします。これは、⁹⁾金額、為替相場、¹⁰⁾実行期日などの条件を決め、「将来取引をする時の為替相場がどのようなものになろうとも、今契約する為替レートで、外貨を円に交換してもらう」ように銀行と約束することです。

② どの価格計算方法を使うのか

国際ビジネスにおいて価格を計算する方法を¹¹⁾貿易条件と言い、アルファベットの略語を使って表わします。具体的には、

1) power relationship
2) exchange rate
3) if the exchange rate fluctuates drastically
4) the weaker dollar
5) the stronger dollar
6) be kept in suspense
7) do business in foreign currency
8) Exchange Contract
9) Amount
10) Delivery
11) Trade Terms

第1章　英語と共に学ぶ貿易実務の基礎

> □ FOB (Free on Board; 本船渡し値段)
> □ C&F (Cost and Freight; 運賃込み値段)
> □ CIF (Cost, Insurance and Freight; 運賃保険料込み値段)

の3つが主な貿易条件です。貿易条件については「L. 価格の設定方式」(p.23参照)で詳しく取り上げます。

G.　船　積

　船積時期は通例「月名」や「連月名」をあげて決めます。たとえば、1)「4月積み」と決めれば、あなたは「4月1日から4月30日」の間に商品を船に積み込むことが求められます。

　月をさらに細かく分けて積期を指定する場合もあります。たとえば、2)「2月の後半」や3)「2月の初め」を積期として指定するような場合です。これらの曖昧なことばが指し示す時期については、前述の信用状統一規則(p.9参照)に下記の定義が掲載されています。ただし、相手企業の担当者は信用状統一規則を読んだことがないかもしれません。4)安全策をとるためには、「後半」や「初め」などの曖昧なことばを使う代わりに、正確に数字で積期を示すのがよいでしょう。

1) April Shipment; Shipment during April

2) the second half of February
3) the beginning of February

4) to be on the safe side

> □ the beginning of「月名」
> 　その月の1日から10日まで

> ☐ the middle of「月名」
>   その月の 11 日から 20 日まで
> ☐ the end of「月名」
>   その月の 21 日から月末まで
> ☐ the first half of「月名」
>   その月の 1 日から 15 日まで
> ☐ the second half of「月名」
>   その月の 16 日から月末まで
>   以上全てにおいて、両端日を含む。

なお「できるだけ早く船積すること」の意味で 5) 直積(じかつ)みということばが使われることがありますが、1993 年信用状統一規則は、下記のように積期に関して prompt やその類義語を使うべきではないとしています。

> 6)"prompt"、"immediately"、"as soon as possible" およびこれらと同様の表現は使用してはならない。もしそれらが使用されていても、銀行はこれらの表現を無視する。

5) prompt shipment

6) Expressions such as "prompt", "immediately", "as soon as possible", and the like should not be used. If they are used banks will disregard them.

H. 決 済

決済について取り決める内容は、① どのように決済をするのか、② いつ決済をするのか、という点です。

第1章　英語と共に学ぶ貿易実務の基礎

① どのように決済をするのか

　国際ビジネスでは、商品の代金を買主があなたに直接届けることはほとんどありません。移動費用がかかり、盗難のおそれもあります。また、あなたは外貨で代金を受け取っても困ってしまうからです。国際ビジネスでは、現金輸送の代りに「為替」取引が利用されます。「為替」とは「遠隔地間の現金輸送の代りに、1)手形や2)小切手などで債権や債務を決済する方法」のことです。

1) bill
2) check

　為替取引の中で輸出の際に最もよく利用されている方法は、「信用状付荷為替手形」と呼ばれるもので、現在日本からの輸出の半分程度がこの方法により取引されています。「信用状付荷為替手形」の信用状とは、「買主に代って、買主の取引銀行が代金の支払いを保証します」と書かれてある手紙のことで、3)買主の取引銀行が4)発行します。たとえ買主の信用度が疑わしい場合でも、その取引銀行が代金支払いを保証してくれるのですから、この代金回収法はあなたにとって安心できるものです。

3) the buyer's bank [bankers]
4) open [issue, establish]

　「信用状付荷為替手形」の「荷為替手形」とは5)書類付為替手形のことです。「為替手形」とは「請求書」のことだと思えばいいでしょう。この「為替手形」につける「書類」とは6)商品そのものと同じだと考えられる書類のことで、7)船積書類を指しています。

5) Documentary Bill

6) documents representing the goods themselves
7) Shipping Documents

　つまり「信用状付荷為替手形」とは、あなたが「商品そのものを表わす船積書類を渡すので、その書類と引き替えに代金を支払ってほしい」と買主に請求する方法なのです。この手形を振り出す相

手は買主の取引銀行です。買主の取引銀行はあなたに代金を前払いし、それを買主から回収します。

② いつ決済をするのか

買主は取引銀行から「荷為替手形」を受け取った後に、すぐに代金を支払うのか、それともある程度の時間がたってから支払うのかを決めます。

当然、あなたはできるだけ早く代金を回収したいと考えます。そのために [1)]一覧払手形を好みます。この「一覧払」とは [2)]「買主は手形を受け取ったら代金をすぐに払う」という意味です。

一方、買主としては、入手した商品を販売し利益をあげてから代金を支払いたいと考えます。そこで [3)]期限付手形を好みます。これは、たとえば、 [4)]「手形を見てから 60 日の期限内に払う」という条件のついた手形を指します。

このような点を考慮に入れ、あなたと買主が決済方法に関する [5)]落としどころを探ります。決済については「M. 代金決済の方法」(p. 27 参照) でさらに詳しく説明しましょう。

1) Sight Bill
2) The buyer will pay the bill as soon as they receive it.
3) Usance Bill
4) The buyer will pay the bill 60 days after they receive it.
5) where they can meet by way of compromise

I. 保　険

商品が船積されてから、[1)]買主の手に届くまでに、貨物が損害を受けてしまった場合を考えてみましょう。たとえば、船が [2)]衝突する場合、商品が [3)]台風によって損害を受ける場合、また [4)]火災、

1) reach the buyer
2) collide
3) be damaged by a typhoon
4) fire

第1章　英語と共に学ぶ貿易実務の基礎

　5)戦争、6)ストライキに船が巻き込まれる場合もあり得ます。このような時、誰が7)損害額を支払うのでしょうか？

　8)船上で起こったことに対しては船会社が9)責任を負うのが当然だと考える人もいるでしょう。しかしこのような場合、船会社があなたに支払ってくれる補償額は法的に非常に限られているのが10)実態です。しかも、たとえばタイタニック号のように船が氷山にぶつかった場合や、阪神大震災のような11)天災で商品が損傷したような場合には、損害額を支払う責任は船会社にはないのです。これではあなたはたまったものではありません。このため、メーカーの12)貿易部門や商社は、13)貨物海上保険をかけることによって、保険会社が損害額を支払うように取り決めるのです。

　次に、海上保険の申込みの際の注意点を考えましょう。あなたは保険申込書に、14)被保険者の名前、15)保険金額、16)保険条件、17)船の名前、18)船積港名、19)陸揚港名や20)出帆の月日、21)貨物の明細（品名、数量など）、などの必要事項を22)書類に書き込みます。この中で特に注意が必要な項目は次の3点でしょう。

5) war
6) strike
7) pay the damages
8) on a ship
9) be liable for

10) the way it is

11) force majeure; act of God

12) trade department
13) effect marine cargo insurance
14) Assured
15) Amount Insured
16) Conditions
17) Ship [Vessel]
18) [Voyage] From ～
19) [Voyage] To ～
20) Sailing on or about ～
21) Description of Goods
22) fill out a form

① 保険金額

　通常、貨物の1)「価格」に2)「希望利益」として3)10%を加えた額を「保険金額」として書き込みます。損害を受けた貨物代だけを受け取るだけではなく、事故がなければあなたが手にしていた利益も保険金額として受け取るように取り決めるのです。

1) amount
2) anticipated profit
3) the value of 10% of the amount

② 保険条件

次にどのような危険に対して保険をかけるのかを考えましょう。保険でカバーされる海上損害は次のようにまとめることができます。

(A) [1)]全損——貨物が全滅した場合
　a. [2)]現実全損——現実に貨物が全滅した場合
　b. [3)]推定全損——船が行方不明になって、貨物が全滅したことが推定できる場合
(B) [4)]分損——貨物の一部が損害を受けた場合
　a. [5)]共同海損——船が沈没しそうな場合などに、他の荷主の貨物を救うために、輸送貨物全体が犠牲になった場合
　b. [6)]単独海損——他の貨物とは関係なく単独で損害を受けた場合

1) Total Loss
2) Actual Total Loss
3) Constructive Total Loss
4) Partial Loss
5) General Average
6) Particular Average

上記の損害をカバーするために用意されている保険の基本条件には、FPA (= Free from Particular Average)、WA (= With Particular Average)、All Risks があり、この中では All Risks が最もよく使われています。

まず FPA は上記の (B) b. の「単独海損」を除く損害をカバーします。ただし、この条件ではカバーされる範囲が「全損」と「共同海損」だけに限られるので、貨物が石炭のような [7)]鉱山物の場合に使われる程度です。

7) mineral produce

WA は FPA に (B) b. の「単独海損」の一部を加えたものをカバーします。具体的には、船が悪天候に巻き込まれた場合に生じる [8)]海水濡れ損害が加わります。

8) seawater damage

All Risks とは WA よりもさらにカバーする範

囲を付け加えたものです。20世紀になり世界大戦の影響やモラルの低下が生じたために、貨物が9)盗難されたり、10)目的地に着かないことが増えました。また11)技術革新のために、12)精密機械などを運ばなければならない場合なども増えました。このため、WAよりも広い範囲の損害を保険でカバーする必要が生まれたのです。

　All Risks は WA が補填する13)範囲に加えて、貨物が盗まれた場合、貨物の一部が抜き取られた場合、貨物が到着しなかった場合、貨物が破損した場合、14)雨に濡れた場合にも、対応できる内容を持ちます。ただし、15)「戦争危険」や16)「ストライキ危険」などは All Risks と言えどもカバーされませんので、17)別の契約を結ばなければなりません。

9) be pilfered
10) non-delivery
11) technological revolution
12) precision machine

13) coverage

14) wet
15) War Risks
16) S.R.C.C. Risks = Strikes, Riots and Civil Commotions Risks
17) separate contract

③ 保険証券

　保険契約を結ぶと、あなたは保険会社から1)「保険証券」を受け取ります。この証券は200年以上も前の英文で書かれているので読みにくいのですが、非常に重要な役割を持つ書類です。「荷為替手形」(p.14参照)のところで見た、商品そのものと考えられる重要書類である「船積書類」のひとつだからです(船積書類には、この他、船荷証券、商業送り状などが含まれます)。この支払いにおける保険証券の位置づけについては「M. 代金決済の方法」(p.27参照)で詳しく述べます。

1) Insurance Policy

J. 申込み

買主から「引き合い」が届くと、あなたは 1)ビジネスチャンスを獲得するために、前述の品質、数量、価格、船積などの 2)取引条件を買主に示し、商品を売る意思を表わします。これを 3)「申込み」と言います。

4)買主が申込みを「無条件」に承諾すると、売買契約は成立します。反対に買主から 5)「値段を下げてほしい」、6)「船積を早めてほしい」、などの条件が付くと、いったん 7)申込みは無効となり、8)反対申込みが行なわれたことになります。この反対申込みが成立するためには、やはりあなたの無条件の承諾が必要となるのです。実際のビジネスでは、このように、申込みと反対申込みが繰り返されて成約に至るのが普通です。

申込みは次の種類に分かれます。

① 1)確定申込み

「確定申込み」とは、2)「あなたが指定した期間内に買主が返事をすれば、あなたは商品を売る」という主旨を明記した申込みのことで、申込みと言えば通常これを指します。買主の承諾があなたに届くのが期限に遅れると、法的には取引は成立しません。しかし、実際には、あなたが取引に応じるかは 3)ケースバイケースで判断することが多いようです。

---

1) business opportunity
2) the terms and conditions of business
3) offer
4) If the buyer accepts the offer unconditionally, a contract of sale is concluded.
5) reduce [come down in] the price
6) move up [advance] the time of shipment
7) the offer is killed
8) counter-offer

1) Firm Offer
2) The seller will sell the merchandise if the buyer's response reaches the seller within the period specified.

3) on a case-by-case basis

② ¹⁾自由申込み

「自由申込み」とは「回答期限を定めていない申込み」のことです。これはあなたがいつでも自由に条件を変更することができる申込みですが、実際のところ、日本の民法は²⁾「相当期間」は取り消しできないように定めています。ただし、この相当期間がどの程度の期限を指すのかははっきりとは決まっていません。

自由申込みには次のような申込みがあります。

³⁾先売御免の申込み

この申込みは、美術品のように数が限られている商品を、⁴⁾あなたが同時に複数の買主へオファーする場合に使われます。「買いたいと申し出ても、その時点で商品が売り切れていれば、残念ながら売ることはできません」と、前もって見込み客に断っておく申込みのことです。

⁵⁾確認条件付申込み

この申込みは、価格変動のある商品を販売する時に使われるもので、買主が申込みを承諾するだけでは契約成立に至らないのが特徴です。⁶⁾あなたが申込みの条件を最終的に確認して初めて成約します。

なお、⁷⁾申込みとそれに対する承諾がいつ効力を持つのか、という点は契約成立において重要なポイントです。「申込みや承諾は相手側に届いた時点で効力を持つ」という考え方を⁸⁾「到着主義」と呼び、反対に、「申し込みや承諾は、それを発送した時点で効果を持つ」という考え方を⁹⁾「発信主義」と呼びます。

日本法や英米法では、基本的に、「到着主義」が

---

1) Free Offer

2) reasonable period

3) Offer subject to being unsold; Offer subject to prior sale
4) The seller makes offers to plural buyers simultaneously.

5) Offer Subject to Confirmation

6) only after the seller makes final confirmation of the offer

7) when the offer or the response becomes effective

8) the principle of arrival

9) the principle of transmission

採用されています。ところが英米法では承諾があなたに届かない場合や遅れる場合には、「発信主義」が当てはめられるとされているのです。「到着主義」と「発信主義」の混乱を避けるために、あなたが申込みをする際には、10)「〈日付〉までに貴社の返事が当方に届くことを条件として次の商品をオファーします」などと断って申込みをすることが望ましいと言えます。

10) We offer the following goods subject to your reply reaching us on or before 〈the date〉.

K. 売買契約

前述したように、あなたの申込みを買主が無条件で承諾すると契約は成立します。1)口約束でも契約は成立するのですが、国際ビジネスではその内容を 2)書類化するのが普通です。3)「売買契約書」、4)「売約書」、5)「買約書」、などの書類によって契約内容を確認します。最近ではEメールやファックスによって申込みや反対申込みをすることも多いのですが、その場合でも最終的には正式な契約書を 6)郵便で交換します。

売約書を例にとり、契約書の内容を解説しましょう。契約書の「表」には、個別契約の内容を書きます。具体的には、契約当事者の住所、氏名、契約書番号、契約書の作成日、商品の品質、数量、価格、船積時期、決済、保険などをタイプします。このように契約によって異なる契約条件を「表面条項」や「タイプ条項」と呼んでいます。

1) oral contract
2) put it into writing
3) Contract Sheet
4) Sales Note
5) Purchase Note

6) by (snail) mail

一方、契約書の「裏」には、あなたが関係する取引全てに共通する条件を書き込みます。これを「裏面条項」や「印刷条項」と呼びます。もし「表面[タイプ]条項」と「裏面[印刷]条項」とが食い違うような場合には、「表面条項」が優先されることに注意して下さい。

　「裏面条項」として書き込まれる条項には、7)取引形態、不可抗力、貿易条件、8)クレーム、9)準拠法などがあります。

　たとえば、「取引形態」には、取引相手と 10)本人対本人の取引をするのか、11)代理店、12)販売店として任命するのかを規定します。

　「本人」とは、13)自らの勘定と危険で取引をする企業を言います。

　「代理店」は、文字通り、「本人」の代理人として行動し、本人から 14)手数料を受け取ります。「本人」が勘定と責任を負担しますので、取引から出た損や利益は「本人」のものになります。

　「販売店」とは本人から任命されるものの、本人と同じく自らの勘定と危険で物品を購入し、それを販売するものです。

　なお、代理店や販売店のうち、商品と販売地域を限定し、その地域におけるその商品の販売を一手に任せたものを、15)「一手販売代理店」や 16)「一手販売店」と呼んでいます。

　以上で取引の流れを概観したことになります。しかし、私たちが国際ビジネスを理解する際に特に難しいと感じる点に、①価格の設定方式(貿易条件)と②代金決済の方法があります。次にこの2点をより詳細に解説しましょう。

7) Basis
8) Claims
9) Governing Law
10) Transaction as Principal to Principal
11) Agent
12) Distributor
13) for their own account and at their own risk
14) commission
15) Exclusive Selling Agent
16) Exclusive Distributor

L. 価格の設定方式

　海外に商品を売る場合、価格には様々な項目が含まれます。メーカーが工場から商品を出荷する時までにかかる費用には、1)製造原価、2)メーカー利益、3)輸出梱包費、4)輸出検査費などが含まれます。

　しかし商品を工場から輸出港まで運び、5)通関した時点の値段には、6)国内運賃、7)通関費用、商社などの8)売主利益、9)通信費、10)見本費などが加えられます。商品を船に載せ保険をかけると、価格はさらに高いものになります。

　このように、国際ビジネスで売買される商品の価格には、様々な項目が含まれます。そのため、取引ごとにどの項目を値段に含めるのかを交渉していては甚だしく11)非能率的で、仕事になりません。そのため1936年に12)国際商工会議所が、代表的な「貿易条件」の解釈を規定し13)「インコタームズ」と呼ばれる「定義集」を作成しました。このインコタームズは14)法的な拘束力は持ちません。あなたと買主が次のような文章を契約書（通常、裏面条項）に入れた場合にのみ、両者を拘束するのです。

　15)「この契約で使用される貿易条件は2000年インコタームズの規定に準拠することとする」

　インコタームズは13の「貿易条件」の解釈を定義しています。しかし、その中の3つの貿易条

1) cost of production
2) manufacturer's profit
3) export-packing charges
4) export inspection charges
5) customs clearance
6) domestic transportation charges
7) customs charges
8) the seller's profit
9) communication charges
10) sample charges
11) inefficient
12) International Chamber of Commerce
13) Incoterms = International Rules for the Interpretation of Trade Terms
14) not legally binding

15) The trade terms used in this contract shall be governed and interpreted by the provisions of Incoterms 2000, ICC Publication No. 560, unless otherwise specifically stated.

件が、海上運送取引の約 95% で使用されている（小林晃『我国で使用されるトレード・タームズの実証的研究』同文館、1997）ことを考えると、これらを知れば国際ビジネスの本流を知ることができると言えます。その 3 つの貿易条件とは、

> ☐ FOB（本船渡し値段）= Free on Board
> ☐ C&F（運賃込み値段）= Cost and Freight
> ☐ CIF（運賃保険料込み値段）= Cost, Insurance and Freight

です。

FOB、C&F、CIF の関係

商品が買主に届くまでにかかる費用は、① 1)商品を船積するまでの費用、② 輸出港から買主まで運ぶ 2)海上運賃、③ 商品にかけられる海上保険料の 3 つの要素に大別することができます。

このうち FOB とは ① の価格を指します。この FOB 価格を C[ost] と表現し、それに海上運賃（F[reight]）を加えた価格を C&F と呼びます。C&F にさらに ③ の保険料（I[nsurance]）を加えたものを CIF と呼びます。

もちろん、どの価格計算方法を採用するにしても、商品の製造費、運送料、保険料を最終的に支払うのは買主です。そこで上記の貿易条件のどれを使うのかを決めることは、買主が製造費、運送料、保険料のどこまでを「価格」の中に含めてあなたに支払い、どの費用をあなた以外の業者に直接支払うのかを決めることだと言えるでしょう。つまり、

1) load merchandise on a ship
2) Freight

L. 価格の設定方式

- □ FOB の場合: 買主はあなたに代金を支払う以外に、4)船会社と 5)保険会社に料金を支払う必要がある。
- □ C&F の場合: 買主はあなたに代金を支払う以外に、保険会社に料金を支払う必要がある。
- □ CIF の場合: 買主はあなたに代金を支払う以外には、船会社、保険会社へは料金を支払う必要はない。

ということになります。では、この 3 つの代表的な「貿易条件」をひとつひとつ説明しましょう。

4) Shipping Line
5) Insurance Company

FOB 価格

商品を 1)輸出港の 2)本船へ運ぶまで、3)あなたが商品の損失・損害の費用と危険を負担するという貿易条件です。従って、この価格には、製造原価、メーカー・商社などの利益、輸出用の梱包費、商品を工場から船まで運ぶ国内運賃、重量・品質検査の検査料、通関費などが含まれます。

FOB には海上運賃と保険料が含まれません。そのため、運賃を示す 4)船荷証券には "Freight Collect"（着払い）と書かれます。同様に、保険証券を提出する義務はあなたにはありません。

1) the port of shipment
2) ship [vessel]
3) the seller bears all costs and risks of loss of, or damage to, the goods

4) B/L; Bill of Lading

《表記法》

FOB + 輸出港名	例: 神戸港から輸出する場合 FOB Kobe

C&F 価格

　C&F 価格では「危険負担」の範囲と「費用負担」の範囲が異なります。あなたの「危険負担」は FOB の場合と同じで、輸出港の本船に商品を運ぶ時点で終了します。しかし「費用負担」については、あなたは 1)費用と 2)仕向地まで商品を運ぶ海上運賃を負担します。従って、船荷証券の運賃欄には 3)「前払い」と書かれます。この価格には保険料は含まれていませんので、保険証券を提出する義務はあなたにはありません。

1) Cost
2) the port of destination
3) Freight Prepaid

《表記法》

C&F ＋ 輸入港名	例: ニューヨーク港へ輸出する場合 C&F New York

　（注）1990 年インコタームズから C&F は CFR と呼ばれることになりました。これは & の記号が電算処理の際に表示しにくいための改訂です。ただし現実には依然として C&F がよく使われていますので、本書ではこの名称を使います。

CIF 価格

　CIF 価格でも「危険負担」の範囲と「費用負担」の範囲が異なります。あなたの「危険負担」は商品を本船に運ぶ時点で終わりますが、「費用負担」については、あなたは海上運賃に加えて、1)保険料も負担します。そのために船荷証券には「前払い」と書かれ、保険証券を提出する義務はあなたにあります。

1) the seller has to procure marine insurance

《表記法》

CIF＋輸入港名	例：サンフランシスコ港へ輸出する場合 CIF San Francisco

M. 代金決済の方法

ここでは先に触れた「信用状付荷為替手形」による代金決済の仕組みを、売主の観点からさらに詳しく説明しましょう。① 信用状の機能、② 信用状の種類、③ 信用状が売主に届くまでの流れ、④ 信用状の点検、⑤ 売主が信用状を入手してから代金を回収するまでの作業、⑥ 信用状を利用しない荷為替決済を考えます。

① 信用状の機能

売主と買主が、国際ビジネスにおける 1)売買契約を結んだとしましょう。その後の売主の主な仕事は、2)商品を調達することと、3)その商品を買主に引き渡すことです。一方、買主の最も重要な仕事は、4)購入する商品の代金を売主に支払うことです。

代金の受け渡しに関して、買主と売主の利益はしばしば食い違います。買主にとって最も有利な支払い条件とは、5)「延べ払い」の条件です。つまり、買主が商品を販売し利益を得た後で、代金を支払うというものです。反対に、売主にとって最

1) have closed a sales contract
2) procure the goods
3) deliver the goods to the buyer
4) pay the seller for the goods purchased

5) deferred payment

も有利な条件とは⁶⁾「前払い」の条件でしょう。買主に商品を引き渡す前に、買主から代金を徴収することです。

では当事者の利害がこのように対立する中で、どのようにして買主と売主は代金の受け渡しを行なっているのでしょうか？

今、あなたを売主の立場に置いてみましょう。売る商品を確保し⁷⁾船積も手配したとします。ここまでビジネスを進めるためには、⁸⁾あなたが買主を信頼していることが必要です。しかしいざ代金の支払いになると、その信頼感だけでは不安です。あなたが買主を信頼できる企業だと判断しても、大企業が突然⁹⁾倒産する現在では、買主の支払い能力について絶対的な確信を持つことはできないからです。また買主がどれだけ契約を守ろうとしても、¹⁰⁾商品の価格が急降下した場合には、予想した売り上げを得ることができずに、買主が¹¹⁾全額の支払いができないということもあり得ます。

あなたが取引ごとに、支払いが無事行なわれるかどうかを心配するのはビジネスライクではありません。そこで、円滑な支払いが行なわれるために、国際ビジネスではある仕掛けが用意されています。それが「信用状」です。

あなたが買主は代金を本当に支払ってくれるのだろうか、と不安に思う場合でも、買主の取引銀行が代金の支払いを約束してくれれば安心でしょう。もちろん、その銀行の約束が¹²⁾口頭で与えられたのでは不安ですから、あなたはその保証を¹³⁾書類で入手しようとするはずです。「売主が買主

6) payment in advance

7) have arranged shipment
8) the seller places their trust in the buyer

9) go out of business

10) the prices of the goods have gone down drastically
11) cannot make payment in full

12) orally

13) in writing

に ¹⁴⁾契約通り商品を引き渡せば、当銀行が売主への代金の支払いを保証しましょう」という内容を持つ、買主の取引銀行が発行する手紙を「信用状」と言います。

　信用状の見かけは複雑ですが、letter というだけあって、内容は「約束・保証の手紙」です。つまり、¹⁵⁾「売主に対して支払いをしなければならない買主の信用を、銀行の信用によって補強するための手紙」のことなのです。信用状はあなたにとって大きな安心感をもたらします。

　買主にとっても信用状を利用することで、代金の前払いをする必要がなくなります。また信用状の中で、¹⁶⁾「容積重量証明書」を要求したり、¹⁷⁾船積期限を規定することによって、間違いのない商品を契約期限までに船積してもらえるという安心感を得ることができます。このように信用状は売買両当事者に利益をもたらすと言えるのです。

② 信用状の種類

　信用状には、発行銀行がいつでも取消や変更ができる ¹⁾「取消可能信用状」と ²⁾信用状関係者全員の合意があって初めて、取消・変更のできる ³⁾「取消不能信用状」があります。信用状関係者とは、買主である ⁴⁾「発行依頼人」、買主の取引銀行である ⁵⁾「信用状発行銀行」、売主である ⁶⁾「受益者」などを指します。わが国では「取消不能信用状」による決済を原則としており、実際には「取消可能信用状」は発行されることはありません。

14) deliver the goods as contracted

15) a letter written by a bank on behalf of one of its customers, which extends a line of credit to a business entity

16) Certificate and List of Measurement and/or Weight

17) specify [stipulate] the time of shipment

1) Revocable L/C
2) may be cancelled or amended only by agreement of all parties to the credit
3) Irrevocable L/C
4) Applicant
5) Issuing Bank
6) Beneficiary

③ 信用状が売主に届くまでの流れ

売買契約をまとめるとすぐに、¹⁾あなたは買主に信用状を開設する手続きをとるように依頼します。依頼を受けた買主は、取引銀行に信用状発行を依頼します。信用状を発行する銀行を「信用状発行銀行」と呼びます。信用状発行銀行は、あなたの国にある取引関係を結んでいる銀行に信用状を²⁾郵便やファックスで送ります。信用状を受け取った銀行は、³⁾「通知銀行」として、信用状をあなたに渡すのです。

1) the seller asks the buyer to open an L/C
2) by mail or fax
3) Advising [Notifying] Bank

④ 信用状の点検

あなたは信用状を受け取ると、その内容を細かく点検しなければなりません。特に、¹⁾売買契約と信用状の内容は一致しているか、実現不可能な条件が含まれていないかのチェックが必要です。

チェックの結果判明する違反例には、(1) 買主や発行銀行の不注意で信用状金額と送り状金額が異なる場合、(2) 買主が少しでも早く商品を入手しようとして契約書よりも早い船積期限や有効期限を書く場合、(3) 途中で契約内容が変わったのに信用状は変更されていない場合、などがあり注意が必要です。

違反例が見つかれば、発行された信用状が「取消不能信用状」であっても、²⁾あなたは買主に対して信用状の内容変更(アメンド)を依頼しなければなりません。³⁾信用状取引ではどんな些細な相違も見落とされないからです。買主はアメンドが必要である場合には、発行銀行 ⁴⁾「輸入信用状内容変更依頼書」を提出します。

1) The seller should check whether the LC matches the commercial agreement and that all its terms and conditions can be satisfied.

2) The seller must ask the buyer to amend the credit.
3) The slightest discrepancy may not be overlooked in L/C transactions.
4) Application for Amendment to Irrevocable Documentary Credit

M. 代金決済の方法

⑤ 売主が信用状を入手してから代金を回収するまでの作業

あなたは信用状の内容を確認し終えると、次に、(1) 商品を調達して保税地域へ運び、(2) 貨物を船に積み込む手はずを整え、(3) 通関用書類を通関業者に渡します(なお CIF 契約であれば、あなたは海上保険契約も結びます)。この３つの作業の要点は下記の通りです。

(1) あなたは品物を調達すると、[1]品質検査、[2]輸出梱包、[3]荷印の記載などの作業へ進みます。商品はあなたから[4]海貨業者へ引き渡され、[5]保税地域に運び込まれます。海貨業者とは、あなたに代わって複雑な船積業務や通関業務を行なう業者を指し、多くの場合、[6]通関業者を兼ねています。また保税地域とは、関税が課されることなく商品を長期間蔵置することができる場所のことで、輸出貨物は原則として保税地域から積み出さなければなりません。

(2) あなたは[7]定期船のスケジュールを専門誌などで調べ、輸入港へ向かう本船の[8]船腹を予約します。「船腹」とは商品を積む船舶のスペースを指します。なお本船とは、海運関係者がよく用いる言葉で「外国貿易船」のことを言います。

(3) あなたは通関業者に[9]「船積指図書」、[10]「送り状」、[11]「パッキングリスト」などを提出し、通関手続きと船積作業を依頼します。「船積指図書」とはあなたが通関・船積の手続きを通関業者に指示するための書類です。「送り状」とは、[12]品名、数量などの契約条件、単価などが記載されている、支払い請求のために書かれる書類で、これにより

1) quality inspection
2) export wrapping
3) shipping mark
4) freight forwarder
5) bonded area

6) customs broker

7) liner
8) book space with a carrier

9) Shipping Instructions
10) Invoice
11) Packing List
12) a document which is sent by the seller to the customer for payment, with details of goods, including the price and the terms of sale

貨物の明細が分かります。「パッキングリスト」とは貨物をどのように梱包するべきかを指示した明細書のことです。つまりこの3種類の資料により、通関業者は、「どのような梱包の、どのような貨物」を通関させなければならないのかを理解できるのです。

　これらの書類を通関業者に手渡した時点で、通関と船積に関するあなたの仕事はほぼ終了します。あとは [13)]船積通知を残すだけです。船積通知とは、[14)]あなたが船積を実施した時点で、[15)]売約書番号、[16)]船名、[17)]船積日、[18)]貨物が無事に着くことを希望する旨などを述べたメッセージを買主に送ることを言います。

　ここであなたから通関・船積業務を委託された通関業者の仕事に目を向けてみましょう。通関業者の仕事は[19)]輸出申告を行なうことから始まります。輸出申告が税関によって認められて初めて、商品は[20)]内国貨物から[21)]外国貨物となり、[22)]輸出できる状態となるのです。

　輸出許可が下りると、保税地域に保管されていた貨物はコンテナ詰めされて[23)]コンテナヤードへ送られます。「コンテナヤード」とは、貨物の入ったコンテナを船積のためにいったん置くための施設のことです。[24)]コンテナ1本分に満たない少量貨物の場合は、他の貨物と一緒にコンテナに入れるために、コンテナヤード内にある[25)]コンテナフレイトステーションへ持ち込まれます。コンテナ船ではなく[26)]在来船に積まれる場合は、船積予定船の入港に合わせて岸壁までトラックで運ばれます。その後、貨物は船に積み込まれます。

13) shipping Advice
14) when the seller has effected shipment
15) Sales Note No.
16) Ship's Name
17) Date of Shipment
18) We hope that the goods will reach you in excellent condition.
19) Export Declaration
20) domestic cargo
21) overseas cargo
22) ready for export
23) container yard
24) less-than-container load; LCL
25) container freight station
26) a conventional ship

M. 代金決済の方法

　このように船積作業が完了すると、船会社は「船荷証券」という書類を発行します。船荷証券はあなたが代金回収の作業で用いる「船積書類」の中で最も重要な書類だと言えます。

　具体的には船荷証券は次の3つの働きを持ちます。

> □ 27)船会社が貨物を引き受けたことを示す「受取証」
> □ 28)船会社が運送を引き受けたことを示す「運送契約書」
> □ 29)船荷証券に書かれている荷物の所有権を示す「有価証券」

　船積の際に貨物に破損などがあれば、その点が船荷証券に書き込まれ、30)「故障付船荷証券」となります。故障付船荷証券をあなたが銀行に持っていっても代金の支払いを受けることはできません。そこで、あなたは 31)「補償状」を船会社に渡し、32)「無故障船荷証券」を発行してもらう必要があります。

　補償状とは、33)「貨物の損傷が原因で買主からクレームが生じても船会社に迷惑をかけません」とあなたが船会社に約束する手紙のことです。

　「船荷証券」をあなたが船会社から受け取った時点で、通関・船積の仕事が終了したことになります。あなたは売買取引における義務を全て終え、後は代金回収の作業を残すのみとなったのです。

　あなたが代金を回収するためには、34)買主に対して「為替手形」を引き出し、取引銀行へ「信用状」と次の「船積書類」を提出しなければなりま

27) a receipt for the seller's goods issued by the shipping company

28) evidence of a contract by the shipping company to carry the goods from the seller's port to the port of the destination

29) a document which proves ownership of the goods mentioned in the B/L

30) Foul B/L
31) Letter of Indemnity
32) Clean B/L

33) The seller will protect the carrier from damage claims that might be made by the buyer.

34) draw a bill [of exchange] on the buyer

第1章　英語と共に学ぶ貿易実務の基礎

せん。

> □ 商業送り状
> □ 船荷証券
> □ 海上保険証券

（注）必要に応じて、³⁵⁾「包装明細書」や ³⁶⁾「原産地証明書」などの書類が必要になることがあります。また外貨の ³⁷⁾「先物為替予約」をした場合には、³⁸⁾「為替予約票」をつけます。

　銀行は、³⁹⁾信用状とその他の全ての提出書類の内容が一致していることを調べ、書類に ⁴⁰⁾問題がないと判断すれば、手形金額を日本円に換算してあなたに支払います。

　しかし、信用状と提出書類の内容に ⁴¹⁾食い違いがあると、銀行が ⁴²⁾そのような手形を引き受け・支払ってくれることはありません。その際には、あなたの取引銀行が買主へ手形を送る → 買主がその手形の支払いを済ませる → あなたの取引銀行が入金を確認する → あなたに手形金額を支払う、という流れに従って代金の支払いが行なわれます。この場合、当然のことながらあなたが代金を手にするのは遅れることになります。

⑥ 信用状を利用しない荷為替決済

　このように信用状は国際ビジネスで広く活用されている決済方法ですが、それにもディメリットがないわけではありません。まず、買主が銀行に信用状を発行してもらうには ¹⁾与信審査を受け、それに通らなければなりません。つまり、買主はいつも信用状を発行してもらえるとは限らないの

35) Packing List
36) Certificate of Origin
37) Forward Exchange Contract
38) Buying Contract Slip
39) examine all documents to see whether or not they appear, on their face, to comply with the terms and conditions of the credit
40) in order
41) discrepancy
42) accept and pay such bills

1) assessment of credit standing

です。

　また銀行へ支払う費用がかかります。たとえば、買主の取引銀行に²⁾信用状を発行してもらう費用、あなたが³⁾信用状が取引銀行に届いたと通知してもらう費用、などです。

　信用状取引のための書類作成やその扱いも大変です。信用状取引では、⁴⁾信用状に書いてある条件の通りに書類を作成しなければ代金を回収できないので、書類作成にはとても気を遣わなければならないからです。このような信用状のディメリットを嫌がって、「信用状なしの為替手形」を使い代金の回収を行なうことがあります。この方法は一般的に「D/P 手形」と「D/A 手形」と呼ばれるものに分類されます。

　なお、これらの支払方法は、⁵⁾あなたと買主に信頼関係があることが前提となっています。

D/P 手形

　D/P とは Documents against Payment の略で「買主は、代金を支払えば⁶⁾支払いと引き換えに船積書類を受け取ることができる」ことを意味します。つまり、あなたが手形を引き出す → あなたは手形を船積書類と一緒に買主の取引銀行に送る → 買主は手形代金を取引銀行に支払い、船積書類を受け取る → 買主が船積書類を船会社に持って行き貨物を受け取る、というものです。

　D/P 手形の問題点は、買主が代金を支払えない事態に陥ると、あなたが大変な迷惑を被ることです。その場合、あなたが⁷⁾代金を回収することができないのは言うまでもありませんが、それに加えて、輸入港まで運ばれた貨物を、⁸⁾別の買主へ

2) L/C opening charges
3) L/C advising charges

4) in compliance with the terms and conditions of the credit

5) The seller and the buyer have established a relationship of mutual trust.

6) against payment

7) collect payment
8) resell the cargo to other customers

転売するのか、9)処分するのか、輸出港へ 10)送り返すのか、などを決めなければならないからです。

D/A 手形

　D/A とは Documents against Acceptance のことで「買主は代金を支払うと約束しさえすれば、11)約束と引き替えに船積書類を入手できる」ことを意味します。D/A はあなたにとって、非常に不安な代金回収方法だと言えます。買主にたとえ支払いができる見込みがなくても、12)手形にサインするだけで船積書類を入手し、貨物を受け取ることができるからです。このために、D/A 手形による支払条件は、日本の 13)親会社と海外の 14)子会社のように、信頼関係が強い企業間の取引に見られるだけです。

9) dispose of it
10) ship it back

11) against acceptance

12) Only by signing the bill can the buyer get hold of the shipping documents, and thus the goods.
13) parent company
14) subsidiary

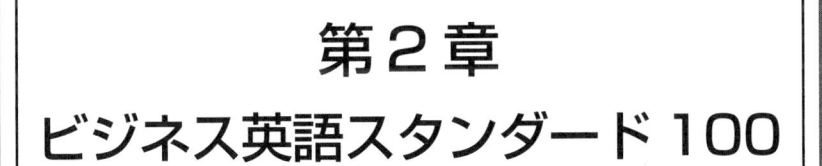

第2章
ビジネス英語スタンダード100

ビジネス英語の例文 100

　本章は、ビジネス英語の基礎を作るために皆さんがどうしても習得すべき表現・語法を、100の英文にまとめたものです。日本語を見て、英文がスラスラと口やペン先から出てくるまで暗記を繰り返して下さい。その作業が終わる頃には、ルーティーンのビジネス内容を英語で表現することができるはずです。

　英文を暗記するという作業は最近人気がありません。しかしこの作業を省略し「英語の発想」や「英語の心」とは何かというような本を読むだけで、英語が書けるようにはならないのです。英語をアウトプットするためには、皆さんの「頭のコップ」の中に意味の分かる英文を大量にインプットすることが必要不可欠です。インプットを重ねると、必ず、アウトプットという形でコップから英語が溢れてきます。この「英語が溢れ出る」という感覚を体験することが、英語習得のための本当の近道だと言えるでしょう。本章の100の例文はビジネス英語のエッセンスを凝縮したものです。暗記に暗記を重ね、皆さんの体の一部にして下さい。

　なお、全ての英文には「英文を書く立場」からの詳細なコメントをつけました。私たちは、英文を読むという作業に比べて、書く立場から英語を見るという作業に慣れていません。しかし「国際英語」時代においては、私たちも英語をインプットするだけの立場ではいられなくなりました。私たちは「国際英語のネイティブスピーカー」として、英語のインプットと同様に、アウトプットも行なわなければなりません。各英文のコメントを読むことによって、英語を書くためにどのような点に注意を払えばよいのかが分かってくるはずです。

　では、ビジネス英語のエッセンスに体を浸すという作業に移りましょう。

A. 社交文

1. 荻野敏夫は UA852 便でケネディ国際空港に 4 月 10 日、火曜日、午後 2 時 30 分(アメリカ東部標準時間)に到着の予定です。出迎えの手配をして頂ければ幸いです。

   Mr. Toshio Ogino is due to arrive at Kennedy International Airport on UA852, Tuesday, April 10, 14:30 EST, and we would be very much obliged if you would send someone there to meet him.

◇ **is due to** + **動詞**:「～する予定である」。is scheduled to + 動詞とも書く。　◇ **meet**: 単に「会う」という意味ではなく「出迎える」の意味。　◇ **Tuesday ～ EST**: 日時を書く時にはこのように「曜日」+「日付」+「時刻」+「時間帯の別」の順序で書く。なお EST とは Eastern Standard Time のこと。　◇ **we would be very much obliged if you would ～**: 非常に丁寧な依頼表現。ほかに we would appreciate it [be pleased] if you would ～ などと書く。

2. 残念ながら貴社が提案された日は、担当者の高橋が出張の予定です。当社を訪問頂く日を 16 日か 17 日に変更して頂ければ幸いです。

   We regret to say that on the day suggested, Mr. Takahashi, the person in charge, will be away on business. We would be grateful if you would consider visiting us on either 16 or 17.

◇ **Mr. Takahashi**: ビジネス英語では自社の人に Mr. や Ms. などをつけることはよくある。これは比較的堅いスピーチレベルの文章で見られる現象である。　◇ **will be away on business**: ≒ will be out of town for business purposes　◇ **We would be grateful if you would ～**: 丁寧な依頼表現の例。　◇ **consider visiting**: ただ visit とだけ書くよりも間接的で丁寧である。

A. 社交文

3. 5月28日より4泊シングルルームを予約したいと思います。 | I would like to reserve a single room for four nights from May 28.

◇ **ホテルの予約の定型表現**は make a reservation at 〈ホテル名〉for〈宿泊者名〉for〈宿泊数〉nights from〈チェックインの日付〉to〈チェックアウト前日の日付〉である。"to〈チェックアウトの日〉" と解釈される場合もあるので、念のために for ～ nights と宿泊数を明記するほうがよい。

4. ご自宅にお邪魔した際には、温かいおもてなしを頂きお礼申し上げます。あなたと奥様のメアリーさんとの会話は本当に楽しく、また奥様のお料理は本当に素晴らしいものでした。 | I want to thank you for the hospitality shown to me during my visit to your home. I thoroughly enjoyed the conversation I had with you and Mary, whose cooking was absolutely superb.

◇ **I want to + 動詞:**「強い願い」を表わし、使い方を誤ると、発信者が希望を受信者に押しつけているように響く。ただしこの文章では「感謝の意思」を強く示し、効果的な使用例である。　◇「**いろいろとお世話になりました**」をそのまま英語にして Thank you for the kindnesses you have shown me. と書くと、発信者がどのように世話になったのかを忘れている、という印象を受信者に与えることがある。「お世話」の内容を具体的に書くことが必要。

5. 心からお悔やみを申し上げますと共にご家族の皆様に心情をお伝え下さいますようお願い申しあげます。 | I would like to express my sincere condolences to you and ask you to extend my sympathy to his family.

◇ **condolences:** 複数で使うほうが多い。convey [extend, offer] one's condolences とも言う。　◇ **his family:**「彼のご家族の皆様」の意味で all of his families などと書くのは間違い。奥さんが何人もいるように響く。all of his family members と言うこと。

6. 私の父の逝去に際し、哀悼の意をお伝え頂き、誠にありがとうございます。 | I thank you for your expression of sympathy upon the death of my father.

◇ **I thank you:** Thank you よりも堅い文章で使われる。　◇ **upon the death of my father:** ≒ when my father died [passed away]　この upon は on ～ing の on と同じく、「～するとすぐに」「～の直後に」の意味。

B. 取引先の開拓

---

7. 当地の領事館のご好意により、貴社がチョコレートを日本に輸出することに興味があると知りました。 | Through the good offices of your Consulate here, we are pleased to learn that you are interested in exporting your Chocolates to Japan.

◇ **Through the good offices of ～:** ≒ with the help of ～　◇ **we are pleased to learn ～:**「～を知って嬉しい」の意味。know が「知っている」という状態を表わすのに対して、learn は「知る」という動作を表わす。　◇ **you are interested in ～:**「当社は貴社の～に興味がある」と言う時には we are very interested in your ～ と興味を強調するが「貴社は当社の～に興味がある」は you are very interested in our ～ とは言わない。このあたりの呼吸は日本語と同じ。

8. 大阪の信頼できる輸入業者の名前と住所をお知らせ頂ければ幸いです。 | We would be pleased if you would let us have [know] the names and addresses of some reliable importers in Osaka.

◇ **if you would let us have ～:** if you would give us ～ とも言う。この give は「(情報)を伝える」の意味。　◇ **some reliable importers:** some を抜かし reliable importers と書くと「多くの信頼できる輸入業者」という意味になり依頼文の中で使うのはマズイ。

B. 取引先の開拓

9. 販売代理店になることを目指し、貴地の企業数社に連絡を取ることを希望しています。

We are anxious to contact some firms in your city with a view to acting as their selling agents in Japan.

◇ **We are anxious to 〜:**「〜することを切望している」。強い希望を表現することで、ビジネスへのやる気があることを伝えようとしている。 ◇ **acting as their selling agents:** ビジネス英語では、企業で働いている人々を念頭に置き、企業を複数扱いすることがある。

10. 当社ABCではお客様にお求めやすい価格を設定し、最高の品質の商品を提供するように常に努力しています。市場はますます厳しくなりますが、その中でも私どもは新しい、競争力のある価格表をご提供します。

We at ABC are continually striving to provide our customers with top quality products at competitive pricing. With market pressures that seem to grow by the hour, we are pleased to provide a new, more competitive price list.

◇ **competitive pricing:**「競争価格を設定すること」 ◇ **by the hour:**「1時間ごとに」このbyは単位を表わす。例: Are you paid by the hour or by the piece?「あなたの給料は、時間給、出来高払いのどれですか？」。

11. 当社は顧客第一主義の企業であり、お客様に対して最高のサービスを提供するために全ての面で最善を尽くしています。

We are a customer-oriented organization, striving in all that we do to provide the best possible service to our customers.

◇ **customer-oriented:**「顧客志向型の」。製品を中心に据えて発想するのではなく、顧客の声に耳を傾け、顧客満足度（customer satisfaction）を高めることを目指す考え方。製品志向型（product-oriented）に対することば。 ◇ **in all that we do:**「われわれの仕事の全てにおいて」。このことばがstrive to 〜 の中に割り込んでいるために少し分かりにくいところ。

12. 当社が製造している商品の品質について自信を持っております。貴社の市場拡大にもお役に立つと存じます。	We pride ourselves on the quality of the products we produce and feel confident that they will help you to expand your market.

◇ **produce:**「(大量に)生産する」。manufacture は「機械を使い大量に生産する」の意味。

13. 貴社と好ましい取引関係を持つことを楽しみにしています。	We look forward to having pleasant business relations with you.

◇ **We look forward to 〜:** この語句を進行形にして We are looking forward to 〜 と書くことがあるが、BM Corpus[1] によれば We look forward to 〜 のほうが We are looking forward to 〜 よりもはるかに使用頻度が高い。進行形は一般に感情的なニュアンスを伝えるのに適しているために、堅いスピーチレベルで書かれる初出のメッセージには適していないと考えられる。

C. 信用照会とその回答

14. 当社の信用状態については、渋谷の ABC 銀行にお問い合わせ下さい。	For any information as to our credit standing, please refer to the ABC Bank, Ltd., Shibuya.

◇ **refer to 〜:**「(情報を入手するために)〜に問い合わせる」。 ◇ **the ABC Bank, Ltd.:** 銀行や企業の英語名は次のように様々であるので、その企業のホームページなどで確認すること。(1) 企業名 Corp. (例: ソフトバンク株式会社 = Softbank Corp.); (2) 企業名 Co., Ltd. (例: 富士ゼロックス株式会社 = Fuji Xerox Co., Ltd.); (3) 企業名 Inc. (例: キャノン = Cannon Inc.); (4) 企業名, Ltd. (例: 住友電気工業株式会社

---

[1] = *Business Message Corpus* 筆者が、イギリス、アメリカで出版されたビジネス英語の教本に収められているモデルメッセージから作成した、150 万語のコーパス。

= Sumitomo Electric Industries, Ltd.）；（5）企業名（例：ノースウエスト航空 = Northwest Airlines）

| 15. 同企業の財政状態と評判についてどのような情報でもお教え下されば幸いです。 | We would appreciate it very much if you would give us any information you may have on the financial standing and reputation of the company in question. |

◇ **We would appreciate it very much if you would 〜:** 丁寧な依頼表現。 ◇ **any information you may have on 〜:**「〜について貴社が持っているどのような情報でも」。any ... may 〜 は英語の「係り結び」の関係で「〜するかもしれない全ての…」の意味を表わす。

| 16. お問い合わせ頂いた会社は、20年を越える期間にわたり当社の常連の1社です。 | The firm you inquired about has been one of our regular customers for more than [over] twenty years. |

◇ **The firm you inquired about:** inquire とは「質問する」という意味の《格式》の表現。通例 inquire about [into] 〜 の形で用いられる。ただし「商品について問い合わせる」の意味では inquire for〈商品名〉を使うことも多い。 ◇ **for more than [over] twenty years:**「20年を越える期間」という意味。「20年以上」は twenty years and [or] more [over] と言う。同様に less than [under] twenty years は「20年未満」のことで、「20年以下」は twenty years and [or] less [under]と言う。

| 17. 貴社が8月7日のお手紙でお尋ねになったその会社は、液晶ディスプレイの分野で業績と評判の両方で良好だと考えられます。 | The company you inquired about in your letter of August 7 is considered competent and reputable enough in the field of liquid crystal displays. |

◇ **is considered competent and reputable enough:** is competent 〜 と書くと「事実」として断定する語感が出る。considered ということばを付け加え「意見」として情報を与えている。

45

D. 引き合いとその回答

18. XYZ を買いたいと思っています。貴社でこの商品を取り扱っていれば知らせて下さい。

    We are especially interested in buying XYZ and would like to know if you carry [deal in] this item.

◇ **interested in buying:** We are interested in〈商品名〉でも「～を買う気がある」という意味だが、in の後に buying を補うことにより、意味を明確にできる。　◇ **especially interested:**「当社は～に興味がある」という場合は especially [particularly, very] などの強調語の助けを借りて英語を書くことが多い。しかし「貴社は～に興味があると伺った」などと書く場合には強調語を使うことは避けるべきである。

19. 5月積みで下記商品のシアトル港本船渡し値段を教えて下さい。

    Please quote us your best [lowest] FOB Seattle prices for the following products for May shipment:

◇ **quote:**「引用する」ではなく「値段を言う」の意味。　◇「～の値段を教えて下さい」の意味の決まり文句は Please quote (us) (your best prices) for (the supply of) + 商品名. である。　◇ **your best prices:** 買主から見たことばで、your lowest prices のこと。　◇ **for May shipment:** ≒ for shipment in May

20. 当方の市場に適当だと貴社がお考えになる商品の種類を教えて下さい。

    Will you please let us know any lines of goods which you think are suitable [appropriate] for our market.

◇ **lines:**「商品の種類」のことで product lines とも言う。　◇ **are suitable for our market:** ≒ suit our market ≒ meet our market requirements　◇ **Will you ～** で始まる文章は「疑問文」ではなく「依頼文」であるので、ビジネス英語では、文の最後をクエスチョンマークでなくピリオドで終えることが多い。

D. 引き合いとその回答

21. 貴社のスキャナーとプリンターの最新カタログと価格表をそれぞれ 5 部、航空便で送り、シフ・ボストン建ての最も安い価格を教えて下さい。

Perhaps you could airmail five copies each of your latest catalog and price list of your Scanners and Printers, quoting your best prices on a CIF Boston basis.

◇ **Perhaps you could 〜:** 主にイギリス英語で用いられる依頼表現。アメリカ英語では Maybe you could 〜 と言う。 ◇ **five copies each of A and B:**「A と B それぞれ 5 部ずつ」の意味。 ◇ **, quoting your best prices:** ≒ and quote your best prices 「分詞構文」を使うと文章が簡潔になり引き締まることがある。 ◇ **on a CIF Boston basis:**「シフ・ボストン建てで」の書記法には CIF Boston と on the basis of CIF Boston もある。

22. 貴社のステンレス製洋食器セットの引き合いを受けたので、詳細と最短納期をお知らせ下さい。

We have received an inquiry for your Stainless Steel Cutlery Sets and wonder if you could let us know [have] full details with the earliest time of delivery you can offer.

◇ **an inquiry for 〜:**「〜に対する引き合い」。an inquiry of〈日付〉about [for, into, concerning, regarding]〈商品名〉などの表現のバラエティがある。 ◇ **let us know 〜:** この表現のほうが let us have +〈情報〉よりも多く用いられる。後者を使う時には、Google などのサーチエンジンを使ってその表現が本当に使われるのかをインターネットでチェックすること。

23. 受注後 6 週間以内の受け渡しで、デスクトップコンピュータ 2346 型 100 台の最低価格を至急見積もって下さい。

Please send us by return your lowest quotation for 100 sets of your Desk-top Computers Model 2346 for delivery within 6 weeks from receipt of our order.

◇ **by return:**「折り返し」。by return mail（米）や by return of post（英）とも言う。現在では by return of e-mail [fax] の形で使われることもある。 ◇ **within 〜 from re-**

ceipt of . . . :「…の受注後〜以内に」を意味する《格式》の表現。from receipt of 〜 の代りに after [on, upon] receipt of 〜 とも言う。

24. 貴社の "LP2000" レーザープリンターの見本をお送り下さると共に、最低価格をお知らせ下さい。

    We would be glad if you would let us have a sample of your "LP 2000" Laser Printer, together with the lowest price.

◇ **We would be glad if you would 〜:** 丁寧な依頼文。 ◇ **together with 〜:**「〜と共に」。単に and 〜と書くよりも〜以下を目立たせることができる。

25. 品質が高く価格が安いことから、この商品が貴市場でよく売れることに自信を持っています。

    We believe that since these goods are high in quality and low in price, they will sell well in your market.

◇ **We believe that 〜:** ≒ We are sure [confident] that 〜 ◇ **high in quality and low in price:**「品質の点で高いが、価格の点では低い」。「〜の点で」の意味の in 〜 を使うことにより、high と low を対照的に使っている。 ◇ **sell well:** 同じ意味を表わす表現に find [enjoy] a quick sale があるが、sell well の使用頻度のほうがはるかに高い。

26. 当社の "MX-G950V" CD/MD プレイヤーに関心をお示し頂いた2月14日付のお手紙に感謝します。

    Thank you very much for your inquiry of February 14, showing interest in our "MX-G950V" CD/MD Players.

◇ メッセージの内容を要約する方法は ① "your inquiry of〈日付〉, . . . ing 〜" のように「現在分詞」を使うもの、② "your inquiry of〈日付〉, in which 主語＋動詞〜" のように「前置詞＋関係代名詞」を使うもの、③ "your inquiry of〈日付〉about [regarding, concerning] 〜" と「前置詞」を使うものがある。 ◇ **showing interest in 〜:**「〜に関心を示す」の意味の連語には show [display, demonstrate, manifest] interest in 〜 がある。

D. 引き合いとその回答

27. 柄見本ひと揃えをとりまとめて、別便で発送したところです。

A full range of pattern samples have been dispatched (to you) by separate post.

◇ **a range of 〜:** ≒ a variety of　ただし、range の前には wide [broad, whole] などの形容詞が付き、種類の幅を強調することが多い。　◇ **pattern samples:**「(布地などの)柄見本」の意味。単に patterns とも言う。「見本」に対する英語の一般語は sample である。Cf. a trade show「見本市」。　◇ **have been dispatched:**「発送したところだ」。「完了」を示す現在完了の用法。発信者が見本を発送してすぐにこのメッセージを書いていることを示す。　◇ **by separate post:**「別便で」。≒ under separate cover [separately]

28. 同封の価格表からお分かりの通り、当社の価格はこの市場におけるライバル会社のものと比較してもはるかに安いのです。

You will see in [from] the enclosed Price List that our prices are far lower than those of our competitors in this market.

◇ **those of 〜:**「〜のそれ」の意。英語で A と B の 2 者を比較する場合、A と B は同じものでなければならない。those [that] of 〜 は比較する対象を同類項にするためのことば。　◇ この文章全体を無生物主語構文を使って The enclosed Price List will show you that our prices 〜. と書くこともできる。ただし自信がある場合を除き、「物」ではなく「人」を主語に立てるほうが、英文は書きやすく間違いも少なくなる。

29. この引き合いに対し、早急にご返事頂ければとてもありがたいと存じます。

Your prompt attention to our inquiry would be greatly appreciated.

◇ **attention:**「対応すること」。attention には「注意」という意味以外に「対応・対処」という意味がある。　◇ **〜 would be greatly appreciated.:** appreciate には very much や greatly などの副詞がよく結びつく。〜 will be greatly appreciated. と書くと命令口調だと感じる英語母国語話者がいるので、依頼文では would を使うほうが無難。なお、緊急に返事が必要な時には 〜 is eagerly awaited. と言うこともある。

第2章　ビジネス英語スタンダード100

30. これ以外にご質問があれば、ご遠慮なくお申し付け下さい。

If there is any further information you may require, please do not hesitate to let us know.

◇ **please do not hesitate to ~:**「遠慮なく~して下さい」。≒ please be sure to ~
◇ **let us know:** let us ~ は「どうぞ~させて下さい」とやる気を示す表現である。

31. 早急のご返事をお待ちしております。

Your prompt response to this inquiry would be highly appreciated.

◇ 結びの定型表現の一例。この他には、We would appreciate your prompt reply.; We look forward to hearing from you soon.; Perhaps you could let us have your reply pretty soon. などがある。

E. 申込み

32. 5月3日付のファックスによる引き合いに対して、ご返事が7月9日までに到着することを条件として次の商品のファームオファーを致します。

In reply to your fax inquiry of May 3, we are pleased to offer you firm the following goods subject to your reply reaching us here on or before July 9:

◇ **In reply to your fax inquiry:** In answer [response] to your fax inquiry とも言う。
◇ **we are pleased to ~:** このような「喜び」の表現は padding（つめもの）と呼ばれ、文章の唐突感を減らす役割がある。この他に we are happy to ~; we have the pleasure of ~ing; we take great pleasure in ~ing などがある。　◇ **the following:**「次の、下記の」という意味のことばを文中で使う時には文尾にコロンをつけること。this や as follows も同じ。　◇ **subject to ~ing:**「~を条件として」。　◇ **reaching us here:** reach は他動詞なので、reaching here としないこと。　◇ **on or before July 9:** by July 9 と書くと7月9日が含まれるのかどうかについてネイティブスピーカーでも意

50

見が分かれる。on or before [not later than] July 9 と書くと 7 月 9 日が含まれることが明示される。

33. 原材料費は値上げを続けていますが、貴社のご愛顧に感謝して前の値段でこれらの商品をオファーします。

    Although the costs of the raw materials have been on the rise, we offer you firm these products at the old prices in appreciation of your patronage:

◇ **on the rise:**「(価格などが)上昇中の」。≒ on the increase   ◇ **we offer you firm these products:** この firm は副詞で「ファームオファーとして」の意味。　◇ **in appreciation of your patronage:** 同じような意味合いで in appreciation of your past trading (今までの取引に感謝して) とも言う。

34. 部品の価格が最近上がったために、次の電気器具の価格を 5% 値上げしなければなりません。

    Because of the recent rise in the prices of the components, we have been compelled to raise the prices of the following electric appliances by 5%:

◇ **rise:**「値上げ」。≒ increase [advance]   ◇ **we have been compelled to 〜:**「余儀なく〜させられる」という表現を意味の「強→弱」順に並べると、① be forced to 〜　② be compelled to 〜　③ be obliged to 〜　④ have to 〜である。　◇ **by 5%:** この by は「差」を表わす。

35. 当社の価格には割引の余地はほとんどありませんが、貴社とのよい取引関係を築くために 5% の割引をさせて頂きます。

    Although our prices leave little room for concession, we have decided to grant you a discount of 5% to establish a good business relationship with you.

◇ **our prices leave little room for concession:**「当社の価格は(ぎりぎりのところまで下げているので)割引の余地もない」。≒ our prices have been reduced [lowered, brought down, cut] to the limit   ◇ **business relationship:** business relations とも言

う。relation は複数形で使うのが一般的。

36. 来週オールバニーに参ります。ご都合の良い時に一度お伺いして当社のフラット・ディスプレイの新製品の件で、お話させて頂ければありがたいと存じます。

I will be in Albany next week, and would appreciate an opportunity to visit you at your convenience and tell you about our new line of flat displays.

◇ **I will be in Albany:** 到着時のことを説明するにはこう書くのが普通。I will go to Albany は日本を出発する時点を意識した英語。 ◇ **at your convenience:**「都合の良い時に」。なお、at your earliest convenience は as soon as possible の《格式》の表現であることに注意。

37. 貴市場は弱気だが、当市場は欧州からの注文殺到のために活発で、規模を拡大しています。

While your market is dull, ours has been strong and increasing in volume with the recent rush of orders from European markets.

◇ **While 〜:**「〜だけれども」逆接を示す。although や though に比べて、響きが柔らかい。 ◇ **strong:** 市場の強気を示すことばには、bullish [booming, brisk, lively, active] がある。また弱気を示すことばには bearish [depressed, soft, weak, dull] がある。 ◇ **the rush of orders:**「注文の殺到」。the flood [deluge] of orders とも言う。Cf. Orders are pouring [rushing] in.「注文が殺到している」。

38. この商品のメーカーが急速におまけに着実に増加したため、この業界における競争の熾烈化が予想されます。

The number of manufacturers of these goods is growing rapidly and steadily — a tendency which is expected to lead to keener competition in the business.

◇ **The number of 〜 is growing ...:** 英語では「数の増加」を表現する時には必ず「数」が増加すると断らなければならない。grow だけでは何が増加したのか分からないという発想が根底にある。 ◇ **is growing rapidly and steadily:** Slow and steady wins the race.（急がば回れ）ということわざが下地となり、steadily は slowly と共に使われる例が多い。しかしここでは、steadily であり、しかも rapidly であるという気持ちが表現されている。　◇ **a tendency which is ～:** which だけだと何が先行詞なのか分かりにくいので、先行詞を補った形。

39.	これら白物の利益はごく薄いので、表示価格からさらに5%の値引きを認めてほしい。	As the margin on these white goods is not very large, we hope you can allow us an extra discount of 5% off the prices listed.

◇ **As:** 多くの意味を表わすために、明確さを重んじるビジネス英語ではあまり使わないほうがよいとされる接続詞。ただし、実際の文脈の中で意味が不明確になることは考えられないので使っても構わないとする語法学者もいる。実際、ビジネス英語ではこの文章のように「原因 → 結果」と論を進める運びが標準的なので、理由を表わす as の用法は非常に多い。　◇ **white goods:** 冷蔵庫、洗濯機などの大型家電製品。　◇ **discount:**「表示価格から～% の値引きを与える」の意味の決まり文句は、give [allow, offer] you a discount of ～% from [off] the list prices。値引きは一般的には discount であるが、promotional allowance（販売促進割引）、purchase allowance（仕入値引き）のように allowance が使われることもある。　◇ **the prices listed:**「表示価格」を表わすことばには the catalog prices や the prices listed [stated, given] などもある。

40.	もう5%値段を下げて頂けるのであれば、その品は全部お引き取りしましょう。	We are ready to take all the goods if you can bring down the price by a further 5%.

◇ **bring down the price:**「値段を下げる」を意味する他の表現には lower [reduce, cut down, mark down] the price がある。Cf. if you can make a 5% discount off the offered price「貴社が提示価格から 5% を値引くことができるなら」。

41.	今回の申し入れを前向きに検討して頂けないのであれば、残念ながら当社の顧客はおそらく韓国の供給先に走ると考えられます。	Should you fail to see this offer in a favorable light, we fear that our customers will seek their sources of supply elsewhere — most probably those in Korea.

◇ **this offer:** ≒ this buying offer　◇ **see this offer in a favorable light:** accept this offer に比べて間接的であり、相手方に与える印象が良い。　◇ **— most probably those in Korea:** この情報を英文の最後に置くだけでも強調しているが、ダッシュの後に置くことによりさらに強調したもの。英語における情報の強調は、文法で言う「強調構文」を使うだけでなく、配置場所によるものも多い。

42. 12月6日付ファックスによる貴注文601号にお礼申し上げます。しかし、第4品目は生産が中止となっており、ご注文を受けることができません。

    Thank you for your fax order No. 601 of December 6 and are glad to accept it except for the fourth item, which has gone out of production.

◇ **except for 〜:**「〜を除いて」。except との違いは、全体集合と除外される集合が同じ種類であれば except（例: Everyone except me knew it.）、異なる場合には except for（例: This is a good report except for this mistake.）を使う。　◇ **item:** リストに載った商品をひとつひとつ数えるのに使うことば。　◇ **go out of production:**「製造中止になる」。The production of the fourth item has been discontinued. とも表現できる。

43. 率直に申し上げて、お示しの価格はあまりにも低すぎて、当方はカウンターオファーを出す気さえしません。

    Frankly, the price you are prepared to pay is not very attractive and we could not bring ourselves to make a counter-offer.

◇ **Frankly:** このことばの後には受信者にとって耳の痛い内容が続く。　◇ **be prepared to-不定詞:** 好ましい内容が続く be ready to-不定詞とは異なり、be prepared to-不定詞の中身には好ましい内容と、好ましくない内容の両方が来る。　◇ **make a counter-offer:**「カウンターオファーを出す」。give (you) a counter-offer とも言う。なお「カウンターオファー」は counteroffer とも書く。

44. 現在のところ当社の生産能力には限界があり、需要に応じるのはかなり困難です。

    We have some difficulty in meeting the anticipated demand since there is a limit to our output capacity at present.

◇ **have some difficulty in ~ing:**「~するのに少々苦労する」。some ということばを使うことにより have difficulty (in) ~ing という表現の響きを若干和らげたもの。なお、difficulties は「財政的困難」を指すことがある。 ◇ **output:**「生産高」を表わす一般的なことば。辞書によっては outturn もあげられているが「農作物の生産高」を表わすことが多い。

45. 市況が好転すれば、直ちに喜んで従来通りお取り引きさせて頂きます。	We will be only too pleased to serve you at the first favorable turn of the market.

◇ **be only too pleased to ~:**「非常に喜んで~する」。only too の持つ「遺憾ながら」と「非常に」の2つの意味のうち、ビジネスメッセージでは、後者の用法が多い。be only too pleased [happy, glad] to-不定詞（喜んで~する）のように用いられる。 ◇ **at the first favorable turn of the market:** 市況の好転を表わす表現には次のものがある。〈名詞を使って〉with the upturn of the market;〈動詞を使って〉when the market improves [picks up]。反対に市況の好転が期待できない時には、Business is showing no strong upturn in sight. と表現できる。

46. デザインを変えることは機械をセットしなおすことになり、貴社に2万個見当の注文を出して頂かないと調整の経費がかさみ、価格はおそろしく高いものになるでしょう。	Any alteration in design would mean re-setting our machines, the cost of which would be prohibitive unless you could place an order for some 20,000 pieces.

◇ **Any alteration in design would mean ~:**「デザインをどのように変更しようとも、それは~を意味する」。このような無生物主語構文を使うと、「当社」をおもてに出すことなく悪い知らせを淡々と伝えることができる。 ◇ **the cost of which:**「名詞＋前置詞＋which」は文語で用いられる形であるが、この文のように、それが次に続く節の主語である場合は理解しやすい。 ◇ **prohibitive:**「値段がひどく高い」の意味。ビジネスメッセージでは実際の価格を論じる時ではなく、仮定・想像上の話の中で使われることが多い。例: On a smaller number we should have to increase our quotation so much that we think the price would be prohibitive.「注文数量がより少な

いと、当社は価格を引き上げる必要があり、価格はひどく高いものになると思われます」。

47. 貴社との取引を続けたいので特に安いし建値を出しました。しかし、在庫が出尽くせば、二度とこの値段は出せないでしょう。

    We have quoted you these low prices because we would like to continue doing business with you. We will be unable to repeat them, however, when our stocks are exhausted.

◇ **because we would like to continue doing business with you:** because ということばは話しことばに多く、文中で使われ、新情報としての理由を導く。一般的に、ビジネス英語では because はあまり使われない。 ◇ **do business:** carry on [conduct, transact] business とも言う。 ◇ **stocks are exhausted:**「在庫品」の意味では stocks は複数形で用いられるのが普通。stocks と一緒に用いられる動詞には reduce（減らす）、replenish（補充する）、clear（売り払う）、carry（かかえる）がある。

48. 本品はご注文品よりも値段はやや高いのですが、品質はずっと高く優れております。

    This product, though slightly higher in price, is much better in quality than the merchandise you ordered.

◇ **though:** though ～ は従属節と呼ばれ、目立たせたくない情報を書くのに適している。ここは関係代名詞節を使って、This product, which is slightly higher in price, is much better in quality ～．と書いても同じ効果を期待できる。ただし、This product is slightly higher in price, but is much better in quality ～．と書くと値段の高さも目立ってしまう。

49. 昨年の見積り値段で貴注文を受諾しますが、今後の注文はこの値段を適応するとの保証は致しかねます。

    We have accepted your order at the prices we quoted last year, but are unable to guarantee that they will hold good for your future orders.

◇ **hold good:**「有効である」。≒ apply to your future orders.

F. 注 文

50. もし貴社製品の品質が適正で、価格が安ければ、かなり大口の注文をお出しします。

If your products are high in quality and reasonable in price, we will place with you an order of a considerable size.

◇ **if:** if を使った次の表現パターンは、単に「条件」を表わす表現としてではなく、交渉用の表現として理解するほうがよい。If＋受信者に対する条件，受信者に対する良い知らせ。 ◇ **are high in quality:** ≒ are (of) high quality ◇ **reasonable in price:** ≒ reasonably-priced ◇ **place with you an order of a considerable size:** place an order of a considerable size with you とも書けるが、英語では文尾に重要な情報を置くという end-focus と呼ばれる大原則があるために、ほとんど意味のない with you を文尾に置くのを避けた運び。たとえば、I would like you to attend the meeting in place of me [on behalf of me]. とは言わないで、I would like you to attend the meeting in my place [on my behalf]. と言うのも同じ理由。

51. 貴社の DVP-NS7 DVD/CD プレイヤー 50 台に対する試験注文を同封します。もし当社がその品質に満足すれば、近くさらに注文を出します。

We enclose a trial order for fifty sets of your DVP-NS7 DVD/CD Players. If we are happy with the quality, you may be sure we will send further orders in the near future.

◇ **We enclose ～:** 同封を示す表現には次のように受動態が使われる時もある。Enclosed is our invoice for the goods in question. 通常、英語では受動態よりも能動態のほうが好まれるが、行為者が明確な場合には受動態を使うことも多い。 ◇ **If we are happy with ～:** この happy は「幸福である」という意味ではなく、「満足している」の意味。 ◇ **in the near future:** この語句が指す期間は、数ヵ月から数年の間である。

第2章 ビジネス英語スタンダード100

52. 8月14日付の貴社のオファーに対し、オレンジ3メートル・トンの注文を貴社に出します。 | Referring to your offer of August 14, we are pleased to submit an order to you for 3 M/T Oranges.

◇ **Referring to 〜:**「〜に関して申し上げると」の意味。With reference to 〜 や In reference to 〜 とも言うが、このほうが名詞でなく動詞を使っているために力強く簡潔である。 ◇ **submit:** to give a plan, piece of writing etc to someone in authority for them to consider or approve (*LDOCE*) の意味で、相手方を持ち上げた表現。なお「注文を出す」は give [pass, send] an order とも言う。 ◇ **M/T:** ton には英トン (Long Ton = 2,240 lbs.)、米トン (Short Ton = 2,000 lbs.)、メートル・トン (Metric Ton = 2,204 lbs.) の3種類がある。1トン = 1,000 kg はメートル・トンのこと。

53. 申し上げた価格は最低注文数量300バッグを基準として計算しています。従ってこのご注文をその数字まで引き上げて頂けるとありがたいです。 | The price we quoted is based on a minimum order of 300 bags. We hope that you will find it possible to increase your order to 300 or over.

◇ **a minimum order of 300 bags:** of 以下に数字が来る場合、of の前の名詞には不定冠詞がつくのが普通。Cf. a minimum quantity of 1,000 units「1,000台の最低注文数量」。 ◇ **We hope that you will find it possible to 〜:** We hope that you will be able to 〜 に比べると、find を使い相手の「考え」を聞いている間接的な表現であり、丁寧度が高い。 ◇ **increase your order to 〜:**「〜まで注文量を引き上げる」。increase your order by 〜 は「〜だけ注文量を引き上げる」の意味。

54. この型のご注文は弊社への到着順に対応すること、また在庫品がある場合に限って注文を受けることにご注意下さい。 | Please note that the orders we will receive for this model will be executed [handled] in strict rotation and that they can only be accepted as long as stocks last.

◇ **Please note that 〜:**「〜にご注意下さい」の意味。note に似た語に notice があるが、Please notice that 〜（〜に気づいて下さい）とはビジネス英語ではまず書かない。相手が不注意であるかのように響くからである。 ◇ **will be executed [handled]**

F. 注文

in strict rotation:「到着順に処理する」。execute an order とは、売主が注文品を確保し、船積を手配することが主な内容。なお「弊社への到着順に対応する」は次のような表現も可能である。in (the) order of arrival [receipt]; on a first-come-first-served basis など。

55. 当社が注文書で指図した通りに、この注文品を調達して下さるものと確信しています。

    We believe that you will execute this order in strict compliance with the instructions given in our Order Sheet.

◇ **We believe:** ≒ We are confident [certain]　◇ **execute this order:**「この注文を履行する」。≒ fill [fulfill, carry out] this order　◇ **in strict compliance with ～:**「～に厳密に従って」。≒ in strict accordance [conformity] with ～　◇ **instructions:**「指図」複数形で使う。単数形は「教育」の意味。

56. 当社の注文書 No. 7322 を同封致します。受領確認書として、副本にご署名の上、弊社までご返送下さい。

    We have pleasure in enclosing our Order No. 7322, and would ask you to return the duplicate to us, duly signed, as an acknowledgement.

◇ **We have pleasure in ～:** 弱い感情を表わす padding の例。We enclose our Order ～ と書き始めると唐突であると感じられるために置いたもの。◇ **duplicate:**「原本」は original (copy) と言う。なお in duplicate は「正副2通の」の意味。

57. 当社は自社の及ばない事情のために今回のご注文は謝絶せざるを得ない。しかし次回はお力になれることを心から希望しています。

    We are forced to decline the order this time by circumstances over which we have no control. We sincerely hope, however, to be able to serve you when you are in the market next.

◇ **the order:** your order のこと。悪い知らせの中で you、your ということばを使うと口調が必要以上に否定的になってしまう。　◇ **decline:** 礼儀正しく穏やかに、時には感謝して断ることを指す。　◇ **by circumstances over which we have no con-**

trol: ≒ by circumstances beyond our control　◇ **We sincerely hope:** 通常は sincerely というような「強調」の副詞は使わないほうがよい。「強調」のことばを普段から使っていると本当に強調したい時に困る。　◇ **be in the market:** be in the market for〈商品名〉は「〈商品〉を探している」という意味で会話でもよく使う。

58. お示しの注文数量では生産工程の変更にかかる費用をカバーすることができません。	We fear that the quantity suggested may not cover [meet] the expenses to be incurred in redesigning the manufacturing process.

◇ **the quantity suggested:** 受信者の反感を引き起こす「数量の少なさ」に言及することなく、丁寧な文章を書いている。Cf. the small size of your order「貴社の小口注文」。　◇ **expenses:** 複数形で「支出、経費、実費」を意味する。　◇ **the expenses to be incurred:**「将来において生じる費用」。the expenses incurred は「過去または現在において生じた費用」の意味。

59. 旧値で見積もられた貴注文には応じることができません。	We are afraid that we are unable to accept your order quoting the old prices.

◇ **are unable to:** can't の音のきつさやその音から来る意味の強さを嫌って、ビジネス英語ではよく用いられる。　◇ **quoting the old prices:** この文のような「注文が値段を言う」という運びに自信がなければ、your order, in which the old prices are quoted と書くとよい。

60. 貴社が興味をお持ちのモデルが再び入荷した時に連絡ができるように、貴社の名前をバックオーダーのリストに載せておきましょうか？	May we suggest holding your name in our back order list so that we can get in touch with you as soon as the model you are interested in becomes available again?

◇ **May we suggest ～:**「提案」を示す非常に丁重な表現。　◇ **back order:** 在庫切れの商品が揃うまでの間、売主が買い主の名前を保留すること。　◇ **so that ～ can . . . :**

F. 注文

提案が相手にとってどのような利点をもたらすのかを示す際によく用いられる構文である。

61. 当社のホームページに掲載している商品をいつでもご注文頂くことができます。ご注文を確認後、確認のEメールをお送りします。

You can order items listed on our website at any time and we will send you a confirmation e-mail after your order has been acknowledged.

◇ **website:** 企業の「ホームページ」に対しては website、個人の「ホームページ」には homepage ということばが使われる傾向がある。　◇ **e-mail:**「Eメール」の英語の書記法としては e-mail が最も広く使われてきたが、最近では email のほうがよく使われている。　◇ **confirmation:**「内容の確認」の意味。類語の acknowledgement は「受け取りの確認」という意味。

62. 貴社が提供する全ての商品は、当社が示した仕様書の要求を満たすとの保証がなければなりません。

We have to point out that all the products you will offer must be guaranteed to meet the requirements of the specifications we indicated.

◇ **We have to point out that ～:** ビジネス英語の have to [must] は「義務」というよりも「不本意」を示すことが多い。ここでは point out という語句の響きの強さと、その語句が導く内容のきつさを意識し、「不本意」を示すことによりメッセージを受け入れられやすくしている。　◇ **guarantee:** このことばは〈guarantee + 目的語 + to-不定詞〉という動詞構文をとる。ここはその受動態である。　◇ **specifications:**「仕様書」のことで、省略した言い方に specs がある。

63. 至急注文されることをご検討下さることをおすすめします。

We would suggest that you consider placing an order with us at once.

◇ **would suggest:**「提案したい」。suggest とだけ書くよりも丁寧な響きがある。
◇ **suggest:** 類義語の propose のほうが意味が強い。そのため We would propose that you consider placing an order ～. と書くことはほとんどない。propose の「直

接性」と consider の「間接性」がうまくかみ合わないからである。 ◇ **consider placing an order:**「注文することを検討してほしい」。place an order と書くよりも間接的でより丁寧である。このように consider 〜ing は丁寧な英語を書くための便利な表現。

64. 貴社のご注文には早急の手配を致しますので、ご安心下さい。

We can assure you that we will start executing your order immediately.

◇ **We can assure you that we will 〜:**「〜することを当社は確約する」。ビジネス英語で we will 〜 は「約束」の表現である。「確約」は、**You may be sure [may be assured, may feel assured, may rest assured] that we will 〜** と表現する。 ◇ **start executing your order immediately:** ≒ give your order our immediate attention

65. 在庫が少なくなっていますので、至急ご注文下さるようにおすすめします。

As our stock is running short, we would advise you to send us your order without delay.

◇ **As our stock is running short:**「在庫がなくなりつつある」。As〈商品名〉is in short supply とも書く。 ◇ **we would advise you to 〜:** advise は根拠に基づいてある行動をとることをすすめる時に使うことば。従って「根拠」や「理由」を示すことばがよく一緒に使われる。この文例では As 〜 がそれ。

66. 当方工場は3ヵ月先まで契約注文で手一杯のため、ここしばらくは注文をとることができません。

Our factory will be working to capacity to produce contract orders for the next three months and we cannot take on any more orders for the time being.

◇ **take on any more orders:**「注文を引き受ける」。≒ take [accept] any more orders ◇ **for the next three months:** おおざっぱに「将来数ヵ月にわたって」と表現する時には for the next few [several] months と表現する。 ◇ **for the time being:** ≒ for a short period of time from now

G. 船積

67. 注文量にもよりますが、通常は受注日から4〜6週間の間に船積をします。	Depending on the order volume, we usually make shipment within 4 to 6 weeks from the date of receiving an order.

◇ **make [effect] shipment:**「船積をする」の意味だが、make a shipment は「1回船積をする」という意味を表わす。一般に shipment のような動詞からの「派生名詞」が無冠詞で使用されると動詞の意味合い (=「船積すること」) が強いが、不定冠詞と共に使用されると名詞の意味合い (=「1回の船積の動作」) が強くなる。

68. このカウンターオファーを受けて頂ければ、全力をあげて船積を急がせます。	If you will accept this counter-offer, we will do whatever we can to speed up [expedite, rush, hasten] delivery.

◇ **do whatever we can to 〜:**「全力を尽くして〜する」。≒ do our level best to [try our hardest to, do whatever it takes to] 〜　◇ **If you will accept this counter-offer:**「このカウンターオファーを受けて下さるのなら」。If you will 〜 の will は未来を表わすのではなく「〜するつもりである」という意味。If you 〜 よりも、相手の気持ちを尊重した丁寧な依頼表現となる。

69. 5月に船積します。ただし、船腹が利用できることを条件とします。	We will make May shipment subject to shipping space being available.

◇ **subject to 〜:**「〜を条件として」の意味の《格式》の表現。この後には(動)名詞が続く。　◇ **shipping space:** space は不加算名詞で「船腹」の意味。Cf.「船腹を予約する」book space、「船腹を確保する」secure [obtain, reserve] shipping space。

70. 当地に6月30日までに到着するように製品を船積してほしい。 | We request you to ship the products so that the goods will reach us not later than June 30.

◇ **We request you to-不定詞**: "we ask you to-不定詞" の意味の《格式》の表現。 ◇ **not later than ～**: 「～までに」。≒ no later than ～ ≒ on or before ～ ◇ **so that . . . will ～**: 「…が～するために」の意味で「目的」を表わす。なお、現在の語法では、学校英語でよく学んだ may よりも will や can のほうがよく使われる。

71. 5月17日付の建て値と見本の通り、下記の商品を積み出して下さい。 | Please ship [deliver, supply] the goods below as per the quotations and samples you submitted to us on May 17:

◇ **ship:** 「船積する」。ship という動詞は「[列車・トラック・飛行機で]輸送する」の意味。輸送交通機関は船とは限らない。 ◇ **the goods below:** ≒ the goods given [described] below ◇ **as per:** according to ～ を意味するラテン語。一般的に死語であるラテン語(例: en route, per se, status quo, vice versa など)を英語の中で使うことは好ましくないとされるが、as per ～ については、短くて便利なことばであるために擁護する意見もある。なお as per の後によく結びつけられる名詞には、instructions, invoice, list, order, request などがある。

72. 商品を緊急に必要としているので、最も早い船で急送して頂くように最善を尽くして下さい。 | As the goods are urgently needed, we trust that you will do your best to dispatch them by the first available vessel.

◇ **As ～:** ビジネス英語で文頭の As ～ は、ほとんどの場合、「理由」を表わす。 ◇ **by the first available vessel:** どれだけ早い船でも船腹を確保していなければ荷物を載せることはできない。available は「利用できる」を意味し、必要不可欠なことばである。

73. ご存知の通り、このオファーを受諾したのは積期が気に入った | As you may remember, we have accepted this offer because the time

G. 船積

| からです。従って、積期を遅らせぬようせいぜいご注意下さい。 | of shipment is so attractive. We ask you, therefore, to do everything possible to ensure punctual shipment. |

◇ **attractive:** ビジネスメッセージでこの形容詞が結びつく名詞の例は、offer, terms（条件）, prices, package などである。 ◇ **ensure punctual shipment:** ≒ make shipment as contracted。shipment に結びつき「船積を行なう」の意味を表わす動詞はあまり多くなく、complete [effect, make] shipment ぐらいである。 ◇ **therefore:** 一般英語では議論などの結論を導く《格式》のことばであるが、ビジネス英語では悪い知らせや依頼内容を伝える時によく用いられ、その「必然性」を受信者に思い出させる働きをする。

74. 積期はどんどん近づいているので、できるだけ早く信用状と船積指図書を送って下さい。申し上げるまでもなく、貴社の手配が遅れたら、これらの到着の遅延による船積の遅れに対して当社は免責です。

The time of shipment is fast approaching and we must have an L/C and shipping instructions as soon as possible. You will agree that we do not hold ourselves responsible for any delay that might result should you fail to take prompt action.

◇ **The time of shipment is fast approaching:** この approach は自動詞で「(時間的に)近づく」の意味。ただしビジネス英語でよく見かける approach は「(ある目的で)人に近づく」の意味の他動詞である。例: We have suggested that they approach you for assistance.「援助を求めて貴社に連絡するように、彼らに提案したところだ」。 ◇ **shipping instructions:**「船積指図書」。輸出者が海貨業者に対して船積の要領や船積書類作成上の注意事項などについての指示を与える書類。

75. 当社が船積手続きを早急に整えることができるように、改訂価格をご確認下さい。

Please let us know whether you will accept the revised price so that we can arrange for the shipment of your requirements at once.

◇ **Please let us know whether ～:** ≒ Perhaps you would let us know whether ～ ≒

We appreciate hearing from you whether ～ ≒ Please inform us whether ～　◇ **the revised price:** revise には通常「改訂する」というプラスの意味があるが、the revised price ということばはビジネス英語では the increased price（割り増し値段）の婉曲語法として用いられることが多い。同様に We have to inform you that prices of all our products will change. の change も be raised の意の婉曲語法である。　◇ **your requirements:** ≒ the goods you need

76. ご注文の品は完成し、船積準備も整っています。合意に従って7月21日までに信用状の通知を頂ければ、8月6日横浜港出港、8月17日ロサンジェルス港入港予定の"Zim Atlantic"（コンテナ船）で積み出します。

Your order has been completed and is now ready for shipment. When we receive the credit advice on or before July 21, as agreed, we will ship your order on C/S "Zim Atlantic" leaving Yokohama on August 6 and reaching Los Angeles on August 17.

◇ **the credit advice:** 信用状が開設されたことが通知銀行（advising [notifying] bank）から売主に通知されること。　◇ **as agreed:** 依頼事項が同意に基づいていることを断るための便利な表現である。as contracted とも言う。　◇ **on C/S "Zim Atlantic":** 船名の前に着く前置詞は on か by が普通だが on board もある。なお、船名の表し方は、"Zim Atlantic" のように船名を二重の引用符で囲む場合、'Zim Atlantic' のように船名を一重の引用符で囲む場合、ZIM ATLANTIC のように船名を全部大文字で示す場合がある。　◇ **leaving Yokohama:** ≒ sailing from Yokohama ≒ setting sail from Yokohama

77. 包装は貴社の指示に従って注意して行ないましたので、商品全ては素晴らしい状態で到着すると確信しています。

We carried out the packing carefully according to your instructions, and are sure that all goods will reach you in excellent order.

◇ **carried out the packing carefully:** ≒ packaged your goods carefully　◇ **in excellent order:** in good order という言い方もあるが、この文では good の繰り返しを避けて excellent という語が使われている。

G. 船積

78. 船腹は極めて不足し、3月末までは積み出しできない。

In view of the acute shortage of shipping space, we see no possibility of shipping the goods on or before March 31.

◇ **shortage:**「不足」。「〜（数字）の不足」の意味では下記の例のように "a shortage of + 数字" という表現を使う。不定冠詞に注意。Cf. The consignees state that there was a shortage of 270 lbs. when the goods reached their destination.「荷受人は商品が目的地に到着した時に、270ポンドの不足があったと申しております」。 ◇ **shipping space:** space には可算名詞と不加算名詞の用法がある。印などを入れ、ひとつひとつの独立したスペースだと考える場合には加算名詞として、仕切りをせずに「ぼんやり」とスペースだと認識する場合には不加算名詞として使う。このような「認識の違い」は英語を日本語にする際に消滅してしまうが、英語を英語のまま理解する際には意識したい。

79. この新しいデジタルカメラに対する注文が殺到しているために、残念ながら、貴社が指定された時間内で船積することは不可能です。

We have so many orders on hand for this new digital camera that we could not very well make shipment within the time specified.

◇ **could not very well 〜:**「〜することはできない」。can't という否定語の響きを柔らかくするための決まり文句。 ◇ **make shipment:**「船積をする」の意味。ship（他動詞）を使うと目的語を置かなくては完全な文章にならない。何を船積するのかを言う必要のない時、英語の運びから判断してそれを言わずに済ませたい時にはこの表現は便利。

80. 「光丸」で出荷する貨物に、神戸からオーストラリアのアデレードまで、単独海損不担保で保険料率0.3%の9万9,700米ドルの保険をオールジャパン保険会社にて掛けて下さい。

Please effect insurance on the cargo shipped by the M/V Hikaru Maru from Kobe, Japan to Adelaide, Australia, against FPA for US$99,700 at 0.3% with All Japan Insurance.

◇ **effect insurance on ～:**「～に保険を掛ける」。≒ insure ～ [carry insurance on ～, cover ～ by insurance, have～insured] ◇ 保険に関する公式は次の通り：**insure**〈商品名〉**against**〈危険、損害の種類〉**for**〈保険金額〉**at**〈保険料率〉**with**〈保険業者名〉 ◇ **FPA:**「単独海損不担保」。= Free from Particular Average Cf. WA = With Average =「単独海損担保」

H. 決 済

81. 弊社注文書 123 号に対する 5 月 19 日付の貴社請求書 881 号への全額払いとして 550 米ドルの小切手を同封します。

Enclosed is a check for US$550 in full settlement against your invoice No. 881 of May 19 for our Purchase Order No. 123.

◇ **Enclosed is:**「～を同封する」という表現を頻度の〈高 → 低〉の順に並べると、① Enclosed is [are] ～、② We enclose ～、③ We are enclosing ～、④ We have enclosed ～である。 ◇ **a check for ～:** a check in the amount of ～とも言う。 ◇ **in full settlement:** ≒ in full payment Cf. pay in full「全額返済する」。 ◇ **against your invoice:** ≒ in response to your invoice

82. ABC 銀行発行の取消不能信用状 No. 12345 に基づき、送状第 888 号の金額に対して一覧後 30 日払いの為替手形を貴社宛に振り出しました。

We have drawn a draft on you at 30 d/s for the invoice amount No. 888 under the irrevocable L/C No. 12345 issued by the ABC Bank.

◇ **draw a draft on ～:**「～宛に手形を振り出す」。～には〈手形支払人である買主名〉が来る。なお draft と共に用いる動詞には accept（引き受ける）、honor（支払う）、protect（支払う）などがある。Cf. We will accept the bill immediately on presentation.「提示あり次第その手形をすぐに引き受けます」。 ◇ **at 30 d/s:** at 30 days after sight のこと。為替手形が一覧後 30 日後に支払われる条件であり、at sight「一覧払い」よ

りも買主に有利である。　◇ **for the invoice amount:** for の後に金額そのものが来ることも多い。　◇ **under 〜:** ≒ in accordance with 〜　◇ **issued:** ≒ opened; established

83. 平安銀行丸太町支店にて貴社を受益者とする 2 万 6,990 米ドルの一覧払い取消不可能信用状を開設したことをお伝えします。 | We are pleased to inform you that we have opened an irrevocable letter of credit at sight in your favor for [the amount of] US$26,990 with the Heian Bank Ltd., Marutamachi Branch.

◇ 信用状開設の定型表現は open [establish, issue] an L/C at sight (60 days after sight) with 〈銀行名〉 for (the amount of) 〈金額〉 in favor of 〈売主名〉 である。「〈銀行名〉にて〈金額〉の〈売主名〉宛の一覧払い(一覧後 60 日払いで)信用状を開設する」の意味。

84. 送金を受け取り次第、貴注文第 115 号を発送します。 | We will ship your Order No. 115 upon receipt of your remittance.

◇ **upon receipt of 〜:**「〜を受け取り次第」。as soon as we receive 〜 とも表現できる。なお upon receipt of 〜 のような「句」よりも、as soon as we receive 〜 のような「節」のほうが、より口語的であり使用頻度も高い。Cf. during my high school days *vs.* while I was in high school　◇ **remittance:** ≒ payment　Cf. make remittance「送金する」。

85. 最低注文数量はモデルあたり 1 万個で、引き渡しは信用状受領後 14 日後です。なお信用状開設の期限は 5 月 15 日までとします。 | Delivery is within 14 days of receipt of an L/C to be opened on or before May 15 for a minimum order of 10,000 pieces per model.

◇ **of receipt of an L/C:**「信用状の受け取り後」の意味。from receipt of an L/C とも言う。この L/C に不定冠詞がつくのは、未発行の、実態のない信用状を示すから。なお L/C の複数形は、L/C's である。　◇ **to be opened:**「開設されるべき」。基本取引

条件（General terms and conditions of business）では信用状開設の指定を「法律のshall」を使って表現するが、ビジネスメッセージではTo-不定詞を使って表現することが多い。Cf. Unless otherwise specified, Buyer shall establish in favor of Seller an irrevocable confirmed letter of credit.「別に記載のない限り、買主は、売主を受益者として取消不能信用状を開設するものとする」。 ◇ **a minimum order of 10,000 pieces:** 原則的に、〈of + 数字〉が名詞を修飾する場合その名詞には不定冠詞がつく。 ◇ **per model:**「1モデルあたり」。per a [one] ～とするのは誤り。

86. 契約は4月積みで、4月もどんどん近づいているので、できるだけ早く信用状番号を知らせて下さい。	As our shipment is contracted for April, which is approaching fast, please let us have the L/C Number as soon as possible.

◇ **let us have the L/C Number:** let us know when you opened an L/C と書き、信用状開設の時期を直接聞く場合に比べると、信用状を開設すると分かる番号を聞くのは間接的な信用状開設確認である。Cf. As the shipping time is coming near, please let us know whether you have already established an irrevocable L/C.「積期が迫っているので、もうすでに取消不能信用状を開設したかどうかを知らせて下さい」。

87. 取り決め通り、額面金額を3,000米ドルとする信用状を開いて下さい。これを受け取り次第、最善の注意を払って注文を履行します。	As arranged, please open an L/C for US$3,000, upon receipt of which we will execute the order with our best attention.

◇ **open an L/C for ～:** この for は「～のために」という意味ではなく、この後には信用状の額面金額が来る。なお、an L/C in favor of the seller と書けば、L/C とその受益者を結びつけた表現となる。 ◇ **we will execute the order with our best attention:** execute は「履行する」こと。ビジネス英語で execute の目的語になるのは主に order である。

I. 苦情

88. 当社は、(1)信用状の有効期限と積期をそれぞれ 10 月 30 日と 11 月 14 日まで延長し、(2) 18 日までにその旨をファックスで教えて下さるようにお願いするファックスを送りました。

We have sent you a fax, asking you (1) to extend the validity and the shipment time of the L/C to October 30 and to November 14, respectively, and (2) to fax us accordingly by the 18th.

◇ **respectively:** respectively ということばがないと、extend A and B to X and Y が、A を X まで B を Y まで延長することを求めているのか断定することはできない。正確さのためにどうしても補っておきたいことばである。 ◇ **accordingly:**「(前述のことに)応じて、そのように」の意味。

I. 苦　情

89. 貴社商品の品質は当社のお客様のご期待に沿わなかったことを申し上げなければなりません。

We are sorry to have to inform you that the quality of your goods was not up to par with our customers' expectations.

◇ **We are sorry to ～:** 英語を母語としないビジネスピープルは、この語句を見て発信者が謝罪をしていると理解する場合がある。そのようなおそれのある場合には We regret to ～ を使うのも一法。 ◇ **not up to par with sb's expectations:**「期待に添えない」を表現する他の言い回しには、～ does not meet [satisfy, come up to] sb's expectations などがある。

90. 緊急の出荷を何度もお願いしていたにもかかわらず、当社の注文 No. 123–987 が今日現在まだ当方に到着していません。

We have to inform you that even though we repeatedly asked for urgent dispatch, our Order No. 123–987 has yet to reach us as of today.

◇ **We have to inform you that 〜**:悪い知らせを伝えるためのクッションとなる表現。強調すると We regret to have to inform you that 〜 となる。 ◇ **we repeatedly asked for 〜**:堅い文体では、repeatedly などの副詞を文末よりも動詞の前に置くほうが好まれる。

91. 注文の引き渡しが遅れている理由を説明して下さい。これ以上遅れるなら注文をキャンセルしなければならないかもしれません。 | Please explain the reason for the delay in delivering our order. Should there be a further delay, we are afraid that we may have to cancel our order.

◇ **the reason for 〜**:「〜の理由」の意味では the reason of 〜 とは言わない。 ◇ **the delay in delivering our order**:「注文引き渡しの遅れ」の意味。the delay of delivering my order とは言えない。Cf. a delay of a week「1週間の遅れ」。 ◇ **Should there be a further delay**:「もし万が一これ以上の遅れがある場合には」。If there should be a further delay よりも「万が一」の気持ちが強い。ここでは内容から言ってその含意が有効である。 ◇ **cancel our order**:日本語では「私の商品をキャンセルする」と言うが、英語では cancel our goods とは言わない。

92. 同品を3月15日までに入手できない場合は、受け取りを拒否するほか仕方がありません。 | We will have no alternative but to decline to accept the goods unless they are in our hands by March 15.

◇ **have no alternative but to-不定詞**:「〜するより他に仕方がない」。≒ have no choice but to-不定詞 ◇ **decline**:decline with thanks（せっかくだが断る）からも分かるように、このことばは丁寧に断る時に使う。「断る」を意味する動詞を丁重さの「高→低」の順に並べると、① decline ② refuse (≒ turn down) ③ reject、となる。reject はその音のきつさと意味の強さが関連している。

I. 苦情

93. 3月16日付で貴社の製品ラインの最新カタログと価格表をファックス No. MN1234 でお願いしましたが、まだお送り頂いていないようです。いつその資料を頂けるのかお教え下さい。

Though we sent you our fax No. MN1234 on March 16 asking for the latest catalog and price list of your product lines, we do not seem to have received them yet. Could you please let us know when we can expect the literature?

◇ **we do not seem to have received them yet:** 資料を受け取ったが紛失してしまった可能性を意識して、断定せずに書類の不着を指摘している。 ◇ **the literature:**「これらの書類」。catalog と price list を指す代示表現の例。Cf. sales literature「売り込み用文書」、promotional literature「宣伝資料」。

94. 今日、注文品を受け取りましたが、調べたところ、注文していない商品が入っていました。折り返し、注文の品を納入するよう手続きを取って下さい。

I received my order today, but on checking the contents, I found that the package contained the goods I had not ordered. Please arrange to have the correct goods shipped to us as soon as possible.

◇ **contents:**「(容器などの)中身」の意味では複数形が普通。この語はまた「内容、コンテンツ」の意味もある。例: the contents of the web page「そのホームページの内容」。

95. 貴社の注文を謝って出荷してしまい申し訳ありません。正しい商品を本日、航空便にて出荷しました。

We apologize (to you) for our misshipment of your order. The correct goods have been air freighted to you today.

◇ **to you:** この文では your order との音の繰り返しを嫌って to you を省略することがある。 ◇ **misshipment:**「誤出荷」。Cf. mis-delivery「荷渡し違い」。 ◇ **the correct goods:** ⇔ the wrong goods「品違い」。

96. 当方のバイヤーが箱を開封したところ、15個のバックの表面にひどく皺が寄っていることが分かりました。バイヤーはそのバッグを当方へ返送し、代わりの品を急送するように求めています。

On opening the cases, our buyers found that fifteen bags were heavily wrinkled on the surface. They sent them back to us, proposing that replacements be dispatched.

◇ **fifteen bags were heavily wrinkled on the surface:** the surfaces of fifteen bags were heavily wrinkled のことだが「かばん」と「表面」を分けて書くことにより、主語が頭でっかちになるのを防いでいる。 ◇ **proposing that replacements be dispatched:** propose が suggest よりも強い「提案」を表わすのは発音からも分かるだろう。なお "propose [suggest, demand, recommend] that +〈主語〉+ (should)〈動詞の原形〉" という動詞文型はビジネス英語に頻出するので要注意。

97. この事務上の間違いが引き起こしたご迷惑に対してお詫び申し上げます。そのような間違いが再び起こらないように最善を尽くして取り計らいます。

We apologize for any inconvenience this clerical error has caused and will do our best to see that such errors do not recur.

◇ **clerical error:** 英語ではどれだけ注意しても事務上の間違いは完全に防ぐことはできないという考え方がある。 ◇ **will do our best to see that 〜:** 私たち人間は所詮間違いを犯す存在であるので、同じ間違いを繰り返さないように努力するとだけ約束するのが英語流。Cf. We will not repeat such an error again.「そのような間違いは二度と繰り返しません」。

98. この注文のキャンセルに関する5月5日付の貴状を確かに拝受しました。

We have duly received [This refers to] your letter of May 5 regarding the cancellation of this order.

◇ **We have duly received 〜:** クレームレターへの返信においても Thank you for 〜 と書き始めることが多いが、文の運びではそうはいかない場合がある。そのような時

I. 苦情

にメッセージの受領だけを伝えることができる便利な表現である。なお、duly は「確かに」の意味。

99. わざわざお手紙をお書き下さりお礼申し上げます。今後もお役に立てる機会を頂戴することを希望しています。

Thank you for the trouble you have gone to [taken] in writing. I hope you will give us the opportunity to serve you better in the future.

◇ これは苦情処理の手紙の結びで使われた表現である。通常のビジネスメッセージよりも丁寧な表現が必要とされる場面である。　◇ **the trouble you have gone to [taken] in 〜：**「わざわざ〜する」。この trouble は「問題」ではなく、「手間、面倒」の意味。なお、スピーチレベルを少し下げて第1文を書き換えると Thank you for your trouble in writing. となる。

100. この件は不可抗力のケースであり、当社としてはそのためにとりわけ貴注文の船積の遅れを申し訳なく思います。

We are all the more sorry for the delay caused in the shipment of your order because this is a case of force majeure.

◇ **all the more sorry:**「(〜のために)それだけますます申し訳ない」。「それだけ」の内容は because; since などの理由を表わすことばの後に示されることが多い。不可抗力でなければ相手方は弁済を期待できるのに、という思いからこのような表現が生まれている。　◇ **force majeure:**「不可抗力」。戦争などの「人災」による不可抗力を含む。an act of God も似通った意味を表わすが「天災」による不可抗力を表わすことが多い。

第3章
メッセージライティングの戦略を学ぶ

国際英語に求められる用件とは？

　現在、英語は政治・経済・ビジネスなどにおける「共通語」(lingua franca)として世界中で使用されています。私たちの耳には、ほぼ毎日「国際英語」ということばが聞こえてくるほどです。

　にもかかわらず、どのような英語が「国際英語」としてふさわしいのか、という点は専門家の間でもあまり論じられていないのが実情です。もともとイギリスの「国語」を指す「英語」ということばに、「国際」という形容詞を結びつけた奇妙な名称そのものが、「国際英語」の実態が曖昧であることを象徴しています。

　「国際英語」ということばとは別に、「英語らしい英語」ということばが使われることがあります。これは、英語圏の芸術・文化・風習・文明などに根ざしている英語で、英語母語話者でなければなかなか使うことができない英語を指します。概して、日本人英語研究者は「英語らしい英語」の特徴を明らかにするのに熱心でした。聖書から生まれた英語、古典文学に根ざした英語、英語圏のスポーツに関することば、現代文化に関連する表現、英米人のジェスチャーから生まれた表現…を解説する辞書は、ところ狭しと書店に並んでいます。

　私は、「国際英語」の時代に「英語らしい英語」を使うことはコミュニケーションの障害になる危険性がある、と考えています。読み手に背景知識がなければ理解しにくいようなことばを、文化や風習などを異にする人々に対して使うのは不適当だと思うからです。

　「急いで下さい」の意味で "Step on it." と言う人、「これは話しが別です」の意味で "It's a completely different ball game." と言う人、「名前なんかよりも中身が大事だ」の意味で "What's in a name?" と言う人…このような人は、英語を話す人の国では、車が普及しており、野球が人気を博しており、教養のある人はシェイクスピアを読んでいる、と思い込んでいるのかもしれません。しかし、国際社会では野球を知らない人々も多く、またシェイクスピアを読むことが教養の現れだと考えない国もあります。そのような国・文化に住む英語学習者にとっても分かりやすい英語が「国際英語」であるべき

第3章 メッセージライティングの戦略を学ぶ

なのです。

では「国際英語」としてどのような英語が望ましいのでしょうか？ それは聞き手・読み手に「分かりやすい英語」だと言えるでしょう。つまり、一定の英語力を持つ人が英文を「左→右」へ読み進めるにつれて、さしたるストレスもなく理解できる英語、様々な文化や制度の違いを乗り越えて普遍的な私たちの「知性」や「心理」に訴えかける英語、そのような英語が国際英語時代にふさわしいと言えるのです。

本章では、私たちの英語をどのように国際英語に変換するべきか、そして国際英語でビジネスメッセージを書くにはどのような点が重要なのかを、考えていきたいと思います。具体的には、下図にるあ 12 項目の「メッセージライティングの戦略」を習得することを目指します。

戦略名	機能
1. パラグラフの構造を意識すべし	英文ビジネスメッセージのパラグラフ構成の定石に従い、読みやすい文章を書くための原則
2. 第1パラグラフの定型表現を活用すべし	
3. 最終パラグラフの定型表現を活用すべし	
4. 情報の新旧を意識すべし	表現する情報を分かりやすい順序に配列するための原則
5. 時間軸を追いながら書くべし	
6. 因果の順序で情報を提示すべし	
7. S+V+O を活用すべし	分かりやすく、間違いの少ない英文を書くための原則
8. 「最小情報単位」を早く示すべし	
9. 動詞を中心に英語を書くべし	
10. 情報の重要性や関連を示すべし	情報間の関係や情報の軽重を文章で明確に示すための原則
11. 英語の敬語を使いこなすべし	ビジネスにふさわしい丁重な英語を書くための原則
12. 前例主義を守るべし	一般性のある英語を書くための原則

戦略 No. 1
パラグラフの構造を意識すべし

　日本語で文章を書く時に、私たちが段落に注意することはほとんどありません。日本語には段落の働きを規定するための明確な指針はなく、段落分けという作業は書き手の「好みや先入観」(preference or prejudice) に任されていると言っても差し支えないでしょう。

　ところが英文ライティングでは、パラグラフの働きはハッキリと決まっています。特にビジネス英語では、メッセージの書き方が長年にわたって研究され、理解しやすいパラグラフ構造が解明されています。

　「外国語としての英語」を使う私たちは、奇をてらわずに定石通りの英語を書くことが、安全であり望ましいと言えるでしょう。

　効果的な英文ビジネスメッセージのパラグラフ構成を理解する上で最も重要なポイントは、

> メッセージが「中立・良い知らせ」か「悪い知らせ」を伝えるかによって、パラグラフ構成が異なること

です。具体的には、伝える情報の善し悪しによって次のようにパラグラフ構成が異なります。

メッセージ構成 No. 1	段階	メッセージ構成 No. 2
中立・良い知らせ		悪い知らせ
メッセージを書く理由・きっかけ	I	メッセージを書く理由・きっかけ
中心点	II	事情の説明
（事情の説明）	III	（中心点）
結び	IV	結び

　この表の中で「中立・良い知らせ」と「悪い知らせ」のメッセージでは、

第3章 メッセージライティングの戦略を学ぶ

「事情の説明」と「中心点」の順序が逆になっていることに注意して下さい。悪い知らせを伝える場合、「事情の説明」を先にあげることによって、読み手に中心点を受け入れさせるための心の準備を行なわせます。一方、「中立・良い知らせ」を伝える場合には、このような工夫は必要なく、すぐに中心点を明らかにするほうがよいのです。

　伝える知らせの性格によってパラグラフ構造が異なるという点は、英文ビジネスメッセージが「論理的構造」よりは「心理的構造」を持つ文章である、という点が大きく関わっています。

　メッセージが複雑な論理構造を持つ場合、原因や事情よりも結論を先に示すほうが、読み手にとっては分かりやすい文章だと言えます。論理的に複雑なビジネス文書の代表例はレポートや提案書などですが、忙しいビジネスピープルにとって、最初だけを読めば結論が分かるという文書は、時間短縮というメリットを生みだします。英語によるレポートや提案書を書く際に「パラグラフの最初にトピックセンテンスを書き、その後にデータや説明を書きなさい」とアドバイスされるのは、理にかなっているのです。

　ところがビジネスレター、ファックス、Eメールのビジネスメッセージでは事情は異なります。この種の文書はほとんどの場合、1枚の紙に収まるような分量で書かれ、さほど複雑な論理構造を持つわけではありません。また、取り上げる内容には社交的なものも含まれ、論理的な内容だけを伝える媒体ではありません。ビジネス相手から「お祝い状」や「お悔やみ状」が届くことは珍しいことではないのです。このようにビジネスメッセージには心理的要素が多く含まれます。

　たとえば、皆さんが企業努力を重ねて、商品の価格を下げアフターサービスも向上させたにもかかわらず、買主が他のサプライヤーを選んだ、という場合を考えましょう。受け取ったメッセージの書き出しが「事情の説明」もなく次のように「中心点」から始まっていれば、皆さんは決して愉快ではないはずです。

> We have decided to place an order with other suppliers because your products are still on the expensive side.

1. パラグラフの構造を意識すべし

　担当者としては、やはりきちんとした事情なり理由なりを読んでから結論を読むほうが、たとえこのような悪い知らせでも、まだ受け止めやすいと考えられます。ビジネス英語でも「物は言いよう」なのです。

　ではこれから前述のパラグラフ構成が、どのようにビジネス・メッセージ・ライティングで生かされているのかを例示してみましょう。

「中立・良い知らせ」の例
（売主→買主：価格を提示して、注文を求めるメッセージ）

Ladies and Gentlemen:

Thank you for your e-mail of April 10, **attaching** the list of **goods** you require before May 31.

On an **attached** document, we have **quoted** for these **items**, which can be **supplied from stock**.

We assure you that the prices given are the lowest possible at the moment.

We believe that these goods will **meet your needs**, and we look forward to your **order**.

Sincerely yours,

attaching ～	～を添付している
goods	商品
attached	添付された
quote	値段を言う
item	商品
supply from stock	在庫から出す
we assure you that ～	～だとご安心下さい
meet your needs	貴社のニーズを満たす
order	注文

《解説》
1. 「**メッセージを書く理由・きっかけ**」：4月10日付のEメールを受信したために、それに対する返事を書く必要が出てきたのですから、来状受

第3章　メッセージライティングの戦略を学ぶ

領の確認をここに書きます。ただし、ビジネスでは来状を受け取ったと書く代わりに、来状に対して礼を述べるのが普通です。
2. **「中心点」**：「在庫から出せる商品の価格を添付書類に示した」という受信者にとっては最も関心のある情報です。
3. **「事情の説明」**：「提示した価格が現在のところ最も安い値段だ」とセールストークを行なっています。価格についての詳細は添付する書類を見れば相手方は分かるので、ここでは特に注意を引きたい点を書きます。なお、事情の説明は必要がなければ省略可能です。
4. **「結び」**：　これは売り込みのメッセージですから、結びでは注文を求めます。この種のメッセージでよく使われる定石的な表現が使われています。

[　　　　　「悪いメッセージ」の例　　　　　]
（売主 → 買主：取引を断るメッセージ）

Dear Mr. Pardon,

Thank you very much for sending us an **inquiry** of October 5 into our products.

inquiry　引き合い（＝問い合わせ）

We have to inform you that we have been doing business only with Japanese companies and that we have no plans at the moment to **expand** our business **overseas**.

expand　広げる
overseas　海外に

Let me thank you again for **the interest you have shown in** our products.

the interest you have shown in 〜　〜に示して下さった興味

Sincerely yours,

1. パラグラフの構造を意識すべし

《解説》

1. **「メッセージを書く理由・きっかけ」**： 10月5日付の引き合いの受領確認を行なっています。なお、ここでも単に We have received your inquiry of October 5 . . . と書かないで、来状に対して礼を言います。

2. **「事情の説明」**：「当社が取引を行なってきたのは日本企業だけだ」と書きます。have been doing ～ と現在完了進行形を使い、動作の「継続」を強調しています。「伝統的に当社の取引相手は日本企業であったので、急に海外企業との取引を考えることはできない」ことを示すためです。

3. **「中心点」**：「海外進出の予定はない」と書きます。「事情の説明」と「中心点」の間にある因果関係を意識して1文の中にまとめ、第2パラグラフに収めています。このように「メッセージの構成」の2つの段階が1つのパラグラフにまとめられる場合もあります。

4. **「結び」**：「当社の商品に興味を持って頂いたことに再び感謝する」と書きます。通例、悪い知らせの結びには明るいトーンの表現を用います。

第 3 章 メッセージライティングの戦略を学ぶ

コラム 日本人は少しフォーマルな英語を使うべきである

　私が米国の大学院に留学していた時のことです。大学の学長に呼び出され、こう尋ねられました。「本学の International Festival の一環として日本人祭りを開催したいのだが、力を貸してくれないか？」

　留学期間も 1 年に近づき、地元のラジオ局で番組を持っていた私は、ある程度英語に慣れているとうぬぼれていたのかもしれません。私は学長にこう言ったのです。

> I guess the idea of holding the first Japanese festival is a very attractive one. I know a bunch of Japanese people who would be interested in taking part in the festival.

　a group of ～ ではなく a bunch of ～ という《略式》の表現を使うことによって、英語への慣れ（familiarity）を出したつもりでした。

　学長はその英語を聞いて驚いたような様子を浮かべ「あなたは素晴らしい英語を話しますね。ところでその a bunch of という表現はどこで学んだのですか？」と言ったのです。

　私は心の中で「しまった」と叫びました。「学生ことば」を使ったことに学長が気を悪くしていることに気がついたのです。"I shouldn't have used that kind of expression." と謝りましたが、いたたまれない気持ちになりました。

　これとは反対に、日本語をとても流暢に話すニュージーランド人の友人と私が話をしていた時のことです。彼が「最近、はまっていることがあるんですよ」と言ったのです。彼の日本語力に感銘を受けたものの、本音を言えば、なんとも言えない居心地の悪さを感じました。「最近夢中になっていることがあるんです」ならまだしも、「はまる」という流行語を外国人から聞いた時に、私はひっかかりを覚えたのです。

　どうやら私たちには「外国人に私たちの母語を大事に扱ってもらいたい」という気持ちがあるようです。格式のある日本語を使う外国人に怒る日本人はいません。しかし外国人が俗語を多用すると不快に感じるのが私たちの姿なのです。

　私たちが英語を使う時には、少し堅い英語を使うほうが望ましいと言えます。少なくとも口語、俗語を使うことにはリスクがあることに注意すべきでしょう。

戦略 No. 2
第1パラグラフの定型表現を活用すべし

　伝統的な日本語ビジネスメッセージは時候の挨拶から書き始めます。しかし、儀礼的な文章に慣れていない人にとってこの作業は苦痛であり、ワープロソフトの「定型句」の助けを借りて書く人も多いことでしょう。

　日本語の場合に比べると、英文ビジネスメッセージを書き出す方法は比較的簡単です。「戦略 No. 1」で見たように、書き出しのパラグラフには「メッセージを書く理由・きっかけ」を書きます。日本語メッセージに見られる時候の挨拶は、メッセージを書く「理由」や「きっかけ」にならないので、書く必要はないのです。

　英語でこの「メッセージを書く理由・きっかけ」を表現するには、次の3つのパターンが使われます。

1. メッセージを書く理由となった「事実」の表現から始めるもの

> ☐ "Tpage" のホームページ上で貴社の広告を拝見し、貴社の "LM-Series" のコンピュータデスクについてさらに詳細を知りたいと存じます。
> ☐ We saw your advertisement in the "Tpage" web page, and are very interested in knowing more about your "LM-Series" Computer Desks.

《解説》

　「事実」を書くには主に過去形が使われます。過去形の持ち味は「淡々」と過去の事実を表現するところにあります。

　また、more に注意して下さい。これはいわば「論理性の明示のための小道具」で、「貴社のホームページで商品についてある程度分かったが、それ以上の情報が必要なのでこのメッセージを書いている」と書き手が考えていることを示しています。私たちが書く英文ではしばしば抜けてしまうことばです。

第 3 章　メッセージライティングの戦略を学ぶ

2.「～するためにレターを書いています」とレターの目的を明示する文章から始めるもの

> ☐ 御社が弊社の代理店となることにご関心がおありかどうかお尋ねするために、この手紙を書いております。
> ☐ We are writing [this letter] to ask you whether you would be willing to represent us in your country.

《解説》
このパターンで使われる表現は多くはありません。上記の表現以外に、This is to ask you whether ～ ; We would like to ask you whether ～ などが使われる程度です。

3. 来状の受領確認から始めるもの

> ☐ "DC-909" DVD プレイヤーを 10 月積みの条件でオファーされた、8 月 10 日付のファックスにお礼申し上げます。
> ☐ Thank you for your fax of August 10, offering us your "DC-909" DVD Players for October shipment.

《解説》
来状に対する返事を書く場合には、来状に対する感謝を述べることからメッセージを始めます。来状の受領確認では「来状の日付」と「来状の内容」を書き加えるのがルールです。相手方は自分が書いたメッセージの日付や内容は当然知っているのですが、ビジネスメッセージには記録としての機能もあるために、事実確認のために書き加えるのが通例です。なお「来状の内容」を示すには、次の 3 つのパターンが使われます。

A.「前置詞型」: 来状の内容を、前置詞を使って最も圧縮して示す方法

> your letter [fax, e-mail] of 〈日付〉
> concerning [regarding; about] 〈商品・プロジェクト名など〉

2. 第1パラグラフの定型表現を活用すべし

> □ スーダンにおける発電所建設に関する、10月12日付のEメールにお礼申し上げます。
> □ Thank you for your e-mail of October 12 concerning the construction of a power plant in Sudan.

《解説》
　来状の内容を最も簡単にあっさりと要約する時に使います。

B. 「現在分詞型」：来状の内容を、現在分詞を使って示す方法

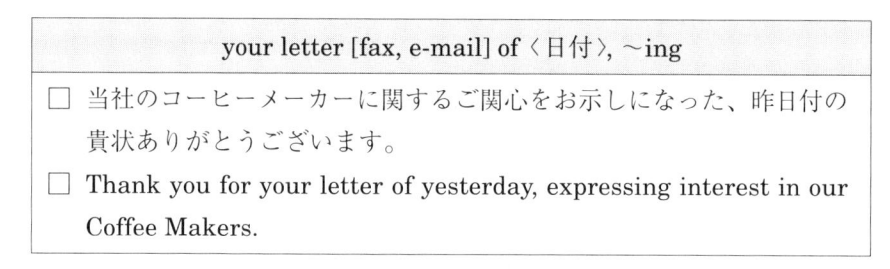

> your letter [fax, e-mail] of〈日付〉, ~ing
>
> □ 当社のコーヒーメーカーに関するご関心をお示しになった、昨日付の貴状ありがとうございます。
> □ Thank you for your letter of yesterday, expressing interest in our Coffee Makers.

《解説》
　来状の内容をやや詳しく書くことが必要な場合に使います。

C. 「前置詞＋関係代名詞型」：来状の内容を、「前置詞＋関係代名詞」を使って示す方法

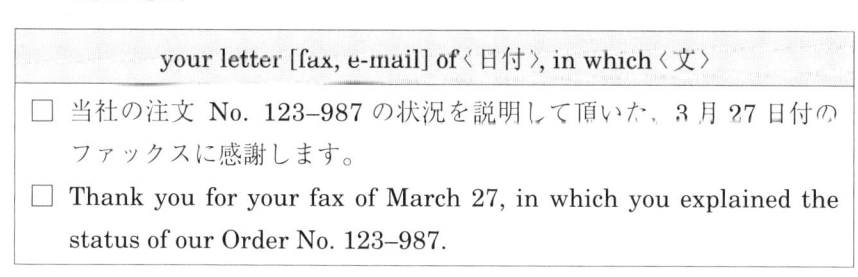

> your letter [fax, e-mail] of〈日付〉, in which〈文〉
>
> □ 当社の注文 No. 123–987 の状況を説明して頂いた、3月27日付のファックスに感謝します。
> □ Thank you for your fax of March 27, in which you explained the status of our Order No. 123–987.

《解説》
　来状の内容を丁寧におさえたい時に使います。

コラム 「来る」が come でない時

「いま、私たちが生きている社会が大きな変わり目に来ていることは、たいていの人が感じている」という文章を訳してみましょう。

Most of us are [must be] feeling that the society in which we are living までは比較的簡単です。問題は「変わり目に来ている」をどう訳すかです。和英辞書を見ると「変わり目」は a turning point だとあります。「〜に来る」は当然 come to 〜でしょう。では「〜が変わり目に来る」は 〜 comes to a turning point でよいのでしょうか？

日本語で「変わり目」と「来る」が結びつくからといって、英語でも a turning point と come to が結びつくと判断するのは早計です。英語と日本語は全く異なることばですから、come to a turning point と書くことは無理ではないかと考えるほうが実際的な態度なのです。

「変わり目」と「来る」のように一緒に使われることばを「連語」（= collocation）と言います。具体的には、連語とは「各個言語に特有な単語同士の結びつき」を言います。英語の連語の数を数えるのは困難ですが、連語辞書で最も信頼され掲載語句も多い『新編英和活用大辞典』（研究社）では 38 万例が示されています。ちなみに同辞書では a turning point と連語関係を作る動詞として以下のものをあげています。

- ☐ This event formed [represented] a turning point in his life. この出来事が彼の人生の転換期[転機]となった[を象徴していた]。
- ☐ The invention of smelting marked a turning point in human history. (鉱石を溶解して)製錬することの発明が人間の歴史における一転換期を画した。
- ☐ reach a turning point in one's life 人生の岐路にさしかかる
- ☐ We are at a turning point in the history of the world. 世界史の転換期にある。

このように見ると、come to a turning point と書くのはやめたほうが安全なようです。ここは最後の文章を活用し、... is now at a turning point. と訳せばよいでしょう。これからは英語を覚える時に、連語という視点を意識して下さい。

戦略 No. 3
最終パラグラフの定型表現を活用すべし

書き出しのパラグラフと同じように、結びのパラグラフにも公式的な表現が多いのが特徴です。そのため、結びは比較的書きやすいパラグラフだと言えるでしょう。

最終パラグラフの働きは相手方にやんわりと行動を促すことです。つまり本文の中で読み手に対する「要求」や「依頼」は書いているものの、メッセージを終えるにあたって、相手方にどうしてほしいのかを再確認するのが最終パラグラフの仕事なのです。その働きは次の3つにまとめることができます。

1. メッセージで取り上げた要件に関して、相手の返事や行動をやんわりと求めるもの

> ☐ 早急にこの件に対応して下さるようお願いします。
> ☐ Your prompt attention to this matter would be highly appreciated.

《解説》
返答を求める結びの表現で定番と言えるものです。同じことは We look forward to hearing from you soon. と表現することもできます。

> ☐ 当社の注文を丁寧に注意して実行して頂ければ幸いです。
> ☐ We would be grateful [glad, pleased, happy] if you would execute our order with great care and attention.

《解説》
Please ひと言で済ますこともできる「どうぞ〜してください」の意味を We would 〜 if you would で表わしており、丁寧な依頼文です。「依頼」はビジネス英語における頻出概念ですが、多くの依頼表現の中から相手や内容に応じた適切な表現を選ぶことが求められます。

2. メッセージで取り上げた要件に関して、感謝や謝罪などの感情を伝えるもの

> ☐ 当方の事務上のミスによって最後の最後になって生じた問題について、再びお詫び申し上げなければなりません。
> ☐ We must apologize once again for the last minute problems caused by a clerical error on our side.

《解説》

ビジネスメッセージでは謝罪の意思表示は、原則として、一度で十分です。日本語のように、何度も礼を言ったり謝ったりすることで「姿勢」や「態度」まで示す、ということはありません。

これは "My word is my bond."（私の約束は契約書と同じくらい確実だ）という表現からも分かるように、英語には、私たちの口からいったん出たことばは重要視されるべきだという考え方が根付いているからだと思われます。例外的にその意思表示を二度行なう場合には、この文例のように again や once again ということばを使うのがルールです。

> ☐ 貴社のお役に立てるという喜びに重ね重ねお礼申し上げます。
> ☐ Thank you again for giving us the pleasure of serving you.

《解説》

感謝は通例、第1パラグラフで表現します。結びで再び感謝を表わす時には、again ということばの助けを借ります。なお出張先で礼は言ったものの、帰国後に礼状を出す時にも、感謝の表現に "again" をつけるのが普通です。

3. メッセージの内容とは別に、良好な取引関係が将来にわたり継続する希望を伝えるもの

> ☐ 末永く続く、双方にとり実りのある取引関係を楽しみにしています。
> ☐ We look forward to a long and mutually beneficial business rela-

> tionship.

《解説》

　上の2種類の結びの運びが具体的なビジネスを意識しているものであるのと比べ、この結びは儀礼的な要素の強いものだと言えるでしょう。

　この種の表現は、メッセージの中心点の中で相手方に要求を突きつけた後に使うと有効です。「このような要求をするのも、相互に利益のある取引関係を築くためですので、ご理解下さい」と論を進めるのです。

> ☐ この注文が貴社との長く友好的な関係の始まりとなることを希望します。
> ☐ We hope that this order will be the beginning of a long and pleasant relationship with you.

《解説》

　初取引に関してよく用いられる結びです。なお relationship ということばに結びつく形容詞は、*BM Corpus* によれば、business, long, pleasant, happy, successful です。どのような関係をビジネス英語では望ましいと考えているのかが分かります。

コラム 母語としての英語の豊かさ

　英語が国際語であるということをよく耳にするようになりました。具体的には、英語を母語とする話者人口は約3億8,000万人に過ぎませんが、英語をその国の第1言語・第2言語として使用している総人口は20億2,500万人にものぼります（D. Crystal, *English as a Global Language*, Cambridge UP., 1997）。

　このために、国際的な場面で英語を使って話をする相手が、英語のネイティブスピーカーだと決めつけることはできない時代になったのです。このような状況では、豊かなことば遣いによって感情や細かなニュアンスを表現するよりも、簡単なことばで基本的な情報を正確に伝えることが私たちのコミュニケーションの目標だと言えるでしょう。国際英語とは分かりやすい英語だと書いたのはこのような理由によります。

　しかし、このような考え方は英語のように語彙や表現が豊富なことばにとっては決して喜ばしいことではありません。そのことを私たちはよく理解しておく必要があるでしょう。

　イギリス人が書いた福祉に関する次のような文章を読んだことがあります。「私たちは、福祉の権利・義務を含む市民権という考え方を、個人的経験の中ではぐくむものだ」という主張に続く文章です。「彼らがこの考え方をはぐくむのは、歴史というような、ひとまたぎで7リーグ（21 miles ≒ 34 km）も歩ける靴を履いてではなく（not in the seven-league boots of history）、人生の経験というサンダル、靴、スリッパを履いてのことなのです（shod in the sandals, shoes and slippers of their own autobiographies）」

　つまり、市民として何が権利で義務かを考えるのは、大げさに歴史などを引っ張り出さなくとも、日常的な出来事の中においてなのだ、というメッセージを、様々な靴を比喩として使い、表現したものです。高度な内容をまるで映像を見るかのように表現するこの英文を、私はため息混じりで読みました。

　時代は「国語英語」から「国際英語」へと進んでいます。基本的な情報交換を中心としたコミュニケーションの重要性はこれからもますます強調されるでしょう。しかし同時に英語は多くの文学、芸術、思想、哲学を生みだした豊かなことばです。「国際英語」を学ぶ私たちは、英語の豊かさに真正面に向き合うという「贅沢」を味わうことはできないかもしれません。それは極めて残念なことなのです。

戦略 No. 4
情報の新旧を意識すべし

「戦略 No. 1〜No. 3」は、ビジネスメッセージの各パラグラフの果たす役割を知り、その働きに集中して情報を配列するための戦略でした。「戦略 No. 4〜No. 6」では、各パラグラフの中で、どのような順序で文章を配列するべきなのかについて考えてみましょう。

英語においてことばをどのような順序で並べるかは、そのことばが伝える情報量と密接な関係があります。具体的に言えば、

> 英語とは、相手が知っていることから情報を提供し始め、読み手の頭の中に情報の「受け皿」を作った後で、新しい重要な情報を伝える言語

なのです。

言語学の一種である英語学では、相手が知っていることを「旧情報」、知らない情報を「新情報」と呼び、英語は「旧情報 → 新情報」の順序で情報を配列する言語だと説明します。

たとえば、下の3つの文章は「御社が3月10日付のメールでお求めになった当社の最新のカタログを1部同封します」という内容を英語にしたものです。「旧情報 → 新情報」という英語の情報配列の順序から判断して、どの文章が最も優れているでしょうか？

> (A) Thank you for your e-mail of March 10. We are pleased to say that we have enclosed a copy of our latest catalog.
> (B) A copy of our latest catalog, which you asked for in your e-mail of March 10, has been enclosed.
> (C) As requested in your e-mail of March 10, we have enclosed a copy of our latest catalog.

(A) は定石通りの英文です。ただ「メール受信」と「カタログ同封」という深い関連のある内容が2文に分断されているのが少々問題です。

(B) では、読み手にとっての「新情報」である「最新カタログ1部」から文章が始まっていることが問題です。読み手はこの文に「唐突感」を感じるでしょう。

(C) は読み手にとっての「旧情報」で始まっています。As requested（ご依頼通り）ということばを読めば、受信者は「良い知らせ」が続くことが想像できます。また「新情報」である「最新カタログ1部」は文の終わりに置かれています。読み手にとっては「頭の準備」ができた後で「新情報」に触れることができると言えるでしょう。従って (C) が最も優れています。

英語における「旧情報 → 新情報」という情報の流れを、文末に注目して表現すると、

> 「重要な情報は文末に回すべきである」という原則

が英語には存在すると言い換えることができます。英語学ではこれを end-focus の原則と呼んでいます。

簡単な例で考えてみましょう。「郵便局へはどのように行けばよいですか?」という文章を訳します。私たちはこのような文章を「依頼表現」の一例として学ぶために、どうしても Would you please tell me how to get to ～? という「依頼表現」部分、つまりこの文章の前半に、注意を向けてしまいます。Would you ～ と言おうか Would you mind ～ing と言ってみようかと頭を悩ますわけです。ただし、コミュニケーションの点から見れば、この文章における「依頼表現」そのものはあまり重要ではないことに気がつきます。「頼み事がある」ということが聞き手に分かれば十分でしょう。最も重要な情報である the post office は end-focus の原則に従い文末に置かれています。

次は、end-focus の原則が時事英語で最大限に生かされている例です。最後の in Atlanta に注意して下さい。

> Over five years Greece spent $25 million to win the bid, far surpassing the efforts of its competitors. But Greek street vendors didn't have much success peddling ATHENS '96 T shirts when the Olympic torch was lit ... in Atlanta. (*Newsweek*; 2/26/01)
>
> ギリシャはオリンピック開催権を勝ち取るために、5年にわたり、2,500

> 万ドルを投じ、ライバル都市の努力をはるかに上回る努力を重ねた。しかしギリシャの行商人たちは「アテネオリンピック'96」と書いたTシャツを売ってもあまり儲けをあげることはできなかった。オリンピック聖火がともされたのは、アトランタだったからだ。

　このような英語における情報の流れは、日本語と英語の表面的な移し替えを行なっているうちは気がつきにくいものです。日本語では「新情報」がどこに顔を出すのかについてルールらしきものがないからです。私たちは、英文を読む時に、語順に注意を払い、文章の各パーツから出ている情報量に関する感受性を育てることが必要です。

For Further Study

　皆さんは留学生派遣業会社に勤めています。アメリカの提携先から来年4月にどれくらいの学生を送ることができるかメドを教えてほしいという問い合わせが12月初旬にありました。例年なら11月下旬にその情報を相手側に伝えていたからです。それに対して「(テロの影響のために)留学生数の見通しが立つのは来年の1月の中頃である」というメッセージを書くことになりました。次のAさんが書いた文章を、より読みやすい文章に書き換えて下さい。

In the middle of January we will be able to tell you how many students will plan to go to the United States in the next spring. So would you please be patient for a while?

解答例

We are afraid that this year because of what happened on September 11, 2001, we will be able to give you the information you need in the middle of January at the earliest.

第3章　メッセージライティングの戦略を学ぶ

解説
　相手方が最も知りたい点は、いつになれば留学生数のメドを知ることができるかという点です。Aさんの文章は、この最も重要な新情報で始まっているために読み手に唐突感を与えています。またこれは悪い知らせの例ですから、悪い知らせそのものを伝える前に、ショックを和らげるクッションの働きをする表現を置きたいところです。

（注）

(1)　because of what happened on September 11, 2001 を具体的に書けば、because of the terrorists' attacks that happened on September 11, 2001 となります。一般的にビジネス英語では具体的で明確な表現が好まれますが、相手にとって不快な内容を明確に書くことは丁寧さの原則に反します。そのため、ここではあえて表現をぼやかしました。

(2)　文尾に at the earliest を補ったのは1月中旬でも情報を伝えることができない可能性を考えたためです。

コラム　　愛情と関係代名詞 what

　10年前に私が韓国を旅行し、植物園を訪れた時のことです。ふと回りを見わたすと、発音から判断してアメリカ人らしき女性と韓国人男性の中年夫婦が目に入りました。英語を話す人が近くにいると、私にはリスニングの練習のためにどうしても耳をそばだててしまうという悪い癖があります。

　その時、女性は少し離れた花の名前を男性に尋ねていました。その花の近くに立っていた韓国人男性は次のように答えたのです。

> What you're looking at is . . .

　花の名前は忘れましたが、彼が関係代名詞の what を使ったのをハッキリと覚えています。それを聞いて、私はこの韓国人男性の英語の見事さに感心したからです。

　関係代名詞の what は「旧情報」を伝える時によく使われます。彼は "What you're looking at is" と言いながら、奥さんがその花の近くに来るのを待っていました。そして彼女が十分に近づいたことを確認してから「新情報」である花の名前を伝えたのです。

　私であれば、きっと This is . . . と言うだけだったでしょう。相手が花の名前を聞き取れなかったとしたら、自分には全く落ち度がないと信じて、その花の名前を、繰り返したに違いありません。

　英語における情報配列の原則を考えれば、彼と私の英語には歴然とした差があります。「旧情報 → 新情報」の順序で情報を並べるという英語の本質を、彼は日常生活で体現していたのです。彼の自然でしかも高度な英語力に私は脱帽しました。

　旧情報で文章を始めるのは聞き手のためです。彼が what を使いながら、奥さんが近づくのを待っていたのは、彼女にコミュニケーション上の負担がかかることを防ぐためなのです。関係代名詞 what は奥さんへの愛情を表わすことばだったと言えば大げさでしょうか？

第3章　メッセージライティングの戦略を学ぶ

戦略 No. 5
時間軸を追いながら書くべし

　伝えたい内容に旧情報と新情報が含まれていれば、「戦略 No. 4」に従って文章を書くことができます。では伝える内容が全て新情報である場合にはどうすればよいのでしょうか？

　The Golden Book on Writing（D. Lamuth, Penguin Books, 1964, 18）という古典的な英作文参考書は、一般英語における分かりやすい情報提示の順序を次のようにまとめています。

☐ Remember that the three simplest kinds of order — the order of time, the order of cause to effect, and the order of climax — are particularly useful in helping you to arrange details in a natural and easy series. *He flung himself over the cliff, crazed with jealousy.* reverses the order in time, puts effect before cause, and is an anti-climax. The sentence would carry its meaning more clearly and more forcefully if reversed: *Crazed with jealousy, he flung himself over the cliff.*

☐ 3つの最も簡単な配列順序——発生順、原因から結果の順、クライマックスへと向かう順——が、情報を自然で読みやすい順序に配列する際に特に役立つのである。「彼は崖から身を投げた。嫉妬心で気も狂わんばかりとなって」という文章は、事が生じた順とは逆の順序で並べられており、原因と結果が逆であり、最初にクライマックスが来ている。この文章の意味をもっと明確に力強くするためには、次のように順序を逆にすればよい。「嫉妬心で気も狂わんばかりになり、彼は崖から身を投げた」

　この中の「発生順に従って出来事を表現する」方法は、複数の出来事を最も簡単に分かりやすく表現するためのものです。たとえば、次の文章では5つの動作を取り上げていますが、それらを発生順に配列しているので、一読

5. 時間軸を追いながら書くべし

して内容を理解することができます。なお、ローレンスとはアメリカ大統領で、マスコミ対応のために記者会見で予想される質問に目を通しているところです。

> ☐ Lawrence cursed, and ran a hand through his thick, prematurely grey hair before returning to the list of questions, stopping again when he reached nineteen. (J. Archer, *The Eleventh Commandment* 下線は筆者)
> ☐ ローレンスは畜生とつぶやき、彼のふさふさとした、若白髪の目立つ髪の毛に指を通した。そして、質問のリストに目を戻し読み進めたが、再び読むのをやめた。質問番号19のところだった。

英語では、複数の動詞を左から右に並べると、その順序で動作が起こったことが表現されるのが普通です。そのために、複数の動作を発生順に配列したい時には、様々な方法を用いて、発生した順序通りに左から右へと動詞を並べていくのです。上記の文章では、cursed と ran とは普通に and で結ばれていますが、return は before の力を借りて表現されています。stop では分詞構文を使い、reach については when という接続詞を使っています。これだけ様々なことばの小道具を使いながら、著者は動詞を発生順に並べているのです。

分かりやすい文を書くためには、発生した順序に添って出来事を表わす動詞を「左→右」に並べるべきだ、という原則はビジネス英語でも効果的です。たとえば、次の文では4つの動作（call, write down, rehearse, pick up）が発生順に配列されています。

> ☐ When you call a client, you should write down the topics you want to discuss, and rehearse what you are going to say before picking up the phone.
> ☐ 顧客に電話をする時には、話したい話題を書き取り、言うべきことを練習してから、受話器を手に取るべきである。

これを次の文のように書いてしまうと、英文を「左→右」へと読みながら

第3章　メッセージライティングの戦略を学ぶ

リアルタイムで理解できた原文の良さが失われてしまうのです。

> （×）You should write down the topics you want to discuss when you call a client, and before picking up the phone, rehearse what you are going to say.

次の文章の followed by 〜 も日本語に訳すには難しいことばですが、luncheon → opening ceremony → a tour of the factory と進んでいくビジネスの予定を「左 → 右」へと表現するための小道具として働いていると考えれば分かりやすいでしょう。

> ☐ A luncheon will be arranged at the ABC Hotel, <u>followed by</u> the opening ceremony and a tour of the factory.
> ☐ 昼食会が ABC ホテルで開催された後、開会式、そして工場見学会が開かれます。

For Further Study

問題

次の英語をより分かりやすい文章になるように手直しして下さい。

「当新幹線は京都に止まり、その後は新大阪まで止まりません」
Before arriving at Shin-osaka, we will be stopping at Kyoto.

解答例

We will be stopping at Kyoto before arriving at Shin-osaka.

解説

日本を初めて訪れ新幹線に乗った外国人乗客が問題の英語のアナウンスの最初を聞くと、「次はもう新大阪なのか」と慌てることでしょう。時間軸を追いながら書くという原則を生かせば、解答例のように「京都 → 大阪」の順序で駅名を出す必要があります。

5. 時間軸を追いながら書くべし

コラム　ペーパーバック読書の勧め

英語を勉強していると、英語習得なんて所詮は無理だと絶望感にとらわれ、英語も見たくないと感じることがあります。TOEICでどれだけ高い点を取ろうと、英検1級を取ろうと、この感覚は私たちにやってきます。

英語のこの「よそよそしさ」を駆除するためには(1) 英語で話し合える親友を持つこと、(2) 英語で人生を感じることが必要です。

英語で話し合える親友を持つことの重要性は言うまでもないでしょう。英語学習教材が非常に発達した現在では、それを次から次へと勉強するだけで語学力を伸ばすことが可能です。しかし、それでは私たちが英語と本当の意味の関係性を結ぶことはできません。英語を使ってコミュニケーションするということは、理性、感情、人間性などをない交ぜにして、それを他人とぶつけ合うことを意味します。

英語の試験では、難しい単語を使い、高度な文法項目を使いこなせば、あなたは高得点を獲得できるはずです。しかし人とのコミュニケーションでは、あなたは英語力を印象づけようとしている、自己顕示欲の権化のような人だと思われるかもしれません。「学習言語」としての英語と「コミュニケーション言語」の英語はそれほど異なるのです。

ところが日本が国際化したとは言え、英語で話し合える親友を持てる人は少数派でしょう。親友を持つことすら難しいのに、英語で友情を育てることができるほどの幸運な人は英語のプロの中でも少ないと言えます。しかしそのような場合でも「英語で人生を感じること」は可能です。それはペーパーバックを読み、主人公に一体化する喜びを感じることです。

考えれば、私たちの英語とのつき合いは、極端なほどmind (頭) に偏っています。参考書を読み、英単語を覚え、英字新聞に目を通す——これらは全て理性的に英語と関わる活動です。これでは英語がよそよそしく感じられるのも無理はありません。

ペーパーバックを読み、英語を私たちに引き寄せましょう。主人公と一緒に英語で喜び、泣く。ドキドキしてページをめくるのが怖い、深夜なのに楽しくて寝るのがもったいない——このような感覚をたっぷりと体に流し込んで下さい。徐々に英語で感じ、悩み、喜ぶことができるようになります。英語があなたのものになったと感じられる瞬間です。

第3章　メッセージライティングの戦略を学ぶ

戦略 No. 6
因果の順序で情報を提示すべし

　因果関係はビジネスメッセージの「中心点」において、最も頻繁に用いられる論理的構造だと言えるでしょう。このように重要な因果関係の表現ですが、日本語と英語とではいくらかの注目すべき違いがあります。

　英語で因果関係を表わす際に私たちが特に注意すべき点は、次の3点です。

---

1. 英文ビジネスメッセージでは「原因 → 結果」の順序で因果関係を示すこと。
2. 因果関係を示す時に、論理が飛躍しないように気をつけること。
3. 悪い知らせを伝える場合には無生物主語構文の活用を考えること。

---

1. 英文ビジネスメッセージでは「原因 → 結果」の順序で因果関係を示すこと

　私たちの身の回りでは、まず原因となる要因が生じ、それが結果を生み出しています。ですから、私たちは、「原因 → 結果」の順序で情報が提示されるほうが自然に受け止めることができるのです。

　前述したように、ビジネスレポートのように比較的複雑な文書であれば、「結果 → 原因」と議論を展開されるほうが読み手にとっては便利です。時間がなければ、文書の最初だけを読めばいいのですから。しかしビジネスレポートに比べ、ビジネスメッセージは短く、全てを読むのはそれほど負担ではありません。そのため読み手は最初から順序正しく読むことが多いと考えられます。このような場合には、読み手にとってより自然な情報提示順序が好まれます。

　因果関係に関して自然な情報配列順序は「原因 → 結果」です。たとえば、受信者に対して依頼事項を提示する時には、次のように「理由 → 依頼内容」の順序で並べるのが普通で、これは「原因 → 結果」の一種です。

□ 当社には貴社のお支払いを受領した記録がありませんので、その未決済の勘定を折り返しお支払い下さるようにお願い申し上げます。
□ As we have no record of having received your remittance, we would ask you to settle the overdue account by return.

2. 因果関係を示す時に、論理が飛躍しないように気をつけること

　以前、大学の授業で「円高のために外国産ビールを飲み始めた人もいます」という文章を学生に訳させたことがあります。多くの答案で次のような英文が書かれていました。

(×) Because of the appreciation of the yen, some people have come to drink foreign beers.

　この文章は論理的ではありません。「円高のために外国産ビールの値段が下がった」という点が抜けているからです。次の文章と比較して下さい。

(○) You will be pleased to know that the current appreciation of the yen has helped to push down the prices of foreign beers and that a great number of people here are beginning to develop a taste for them.

　このような論理の飛躍は私たちが書く英文では珍しくありません。別の例をあげましょう。

□ 3月と9月は当社の決算月で、その書類が届いていないと、こちらでの決済に影響が出ます。
(×) Our company settles accounts at the end of March and at the end of September. If the documents in question do not reach us in time, it may affect our account settlement.

　この英語は文法的にも慣用的にも問題はありません。しかし発想的には大きな問題を含んでいます。なぜなら上記の英語では「その書類を3月と9月

には特に時間厳守で当方へ送ってほしい」という結論が抜けてしまっているからです。

　日本語では、たとえば「当社は困っている。そして困らせているのは貴社である」と2つの事実を伝えれば、多くの場合、「従って貴社は当社に迷惑をかけないように努力するべきである」という結論を言う必要はありません。むしろ結論を言えば、かえって「当たり前のことをわざわざ念押しした」と思われるかもしれません。ところが英語では、その結論を伝えなければ、読み手へ努力をするように提案していることにはならないのです。

　ただ英語では、表現に様々な工夫を凝らして、読み手がスムーズにその結論を受け止めることができるよう計らいます。日本語では結論を提示しないことによって気配りを示すが、英語では結論は提示するものの表現に工夫を凝らすことによって気配りを示す、と言えるでしょう。気配りを示すという点では同じなのですが、その方法はこのように違うのです。

　前述の日本語は、次のような英語に訳すべきでしょう。

> （○） Our company settles accounts at the end of March and of September. We would strongly suggest that you be punctual in sending the documents in question, particularly during these months.

3. 悪い知らせを伝える場合には無生物主語構文の活用を考えること

　What made her say so? や The newspaper says that 〜 のような文章は、人ではなくものを主語にするために「無生物主語構文」と呼ばれます。日本語では無生物主語構文はほとんど見られないために、「英語らしい英語」の代表としてよく例に出されます。

　ただし「英語らしい英語」と言っても、英語において「無生物主語構文」のほうが「生物主語構文」よりも頻繁に使われるというわけではありません。たとえば無生物主語構文においてよく用いられる say(s) という動詞を *British National Corpus* を使って調べても、「無生物主語構文」で使われている比率は31%に過ぎません。実際私たちが英語を作る際には、「人を主語にして文章を作る」ほうが自然な英文を作ることができます。

6. 因果の順序で情報を提示すべし

しかしながら、この「無生物主語構文」にも大きなメリットがあります。それは、

> 悪い知らせにおいて、「無生物主語構文」は因果関係を表現する際に役立つ

ということです。

たとえば、「原材料の価格が引き続いて上昇しているので、弊社の現価格を値上げしなければなりません」という日本語を次の英文に訳したとしましょう。

> (△) We must inform you that we have to revise our present prices because of the continued increase in the costs of raw materials.

この英訳は決して悪い英語ではありません。むしろ ① We must inform you that ということばを「クッション」として用いていること、② raise our present prices の代わりに、耳あたりの良い revise our present prices という表現を使っていること、③ because of ～ と理由を明示する表現を使っていること、という3点を考えれば、工夫された英文だと言ってもいいでしょう。

ところがこの英文には ① we have to revise our present prices のように、値上げに関連して「当社」が前面に出てしまうこと、② because of ～ が文末にあるために、悪い知らせが伝えられてからその理由が述べられていること、という2点のマイナス面があることを指摘しなければなりません。

この文と比較しながら、次の無生物主語構文を観察して見ましょう。

> (○) The continued increase in the cost of raw materials has made it necessary to revise our present prices.

この無生物主語構文には5つのプラス面があります。

(1) この文章ではまず主語で「事情」が述べられ、それが「理由」として働きながら has made it necessary 以下の「結果」につながっています。つまり読み手が英文を左から右に読み進めるという行為その

　　　　ものが、因果関係を「原因→結果」という順序でインプットすることなのです。
(2)　主語についている the に注意して下さい。受信者が「原材料の価格が引き続いて上昇している」ことを前もって知っていることを、この定冠詞は示しています。受信者にとって興味ある新しい情報は、文の後半だけなのです。つまり無生物主語構文は、無理なく「旧情報→新情報」の順序で情報を提示するのです。
(3)　この文章には we が出てきません。すなわち、この「値段改訂」と「当社」の関係を表に出さないことに成功しているのです。
(4)　無生物主語構文は《格式》の構文です。悪い知らせを感情を交えずに淡々と伝えるのに適しています。
(5)　最後に We must 〜の文章は 23 語を費やしていますが、無生物主語構文は 18 語しか使っていません。長い英文と短い英文とを比較すれば、読み手の負担が軽いことから短い英文のほうが優れています。

　以上の考察から分かるように、無生物主語構文は悪い知らせを伝える時に便利な構文だと言えます。私たちは英文を読む際に「無生物主語構文」に注意を払い、時には使ってみることを考えたいものです。

コラム　ネイティブチェックのゆれ

留学中、私は英作文の練習用として日本紹介のエッセイを書き、それに対してTechnical Communication 専攻の大学院生5人にコメントを求めたことがあります。すると意外なことが起こりました。彼らが正反対のコメントをつける箇所が続出したのです。

たとえば、次の文章で彼らは計3ヵ所にコメントをつけましたが、その全てにおいて意見が食い違ったのです。下記の「コメント」のAとBはそれをまとめたものです。

「日本の大学生は、満員電車にすし詰めにされ、大学に着く頃には体力を費やしてしまう。そのために授業中に休憩する。一方アメリカ人の学生は、満員電車に乗らないので、大学到着後もエネルギーが余っており授業に積極的に参加しようとする」こう書いた後に次の文章が続きます。

> If they [= American students] find a long enough time between classes, many students hurry to the computer room, where they lose no time setting to work on their assignments. At midnight, they quite reluctantly (1)bring their work at the library to a close: their assignments are not yet finished. They (2)walk with their chins down towards their dormitories with street lights flickering on their backs. They, like Japanese students, heave a deep sigh of relief before their portals, but not for the same reason. They are painfully aware that this is another night when they can not sleep long enough.
>
> To us Japanese, the phrase *American college* has a sweet ring to it. We know that American students study harder than their Japanese counterparts, who save their academic energies only in preparing for the midterm or final exams. We do not have a moment's doubt, however, that American students throw a lot of parties where they drink, dance, talk and get frustration out of their systems. (3)Study is prohibited on the weekend by the law, right?

コメント

(1) bring their work at the library to a close

　（A）この表現は大げさすぎる。"pile up their books and go home" と

第3章 メッセージライティングの戦略を学ぶ

　　　書き換えるべきだ。
　(B) この表現は確かに大げさだが、ここは一日の終わりをわざとそのように書いたところ。書き換える必要はない。
(2) walk with their chins down towards their dormitories
　(A) この文を初めて読んだ時、towards their の後には feet が続くのかと思った。walk, [with their] chin[s] down, towards their dormitories であればそのおそれはない。
　(B) この文章に全く問題はない。(A) のコメントをつけるような人は読書量が足りないのだろう。
(3) Study is prohibited on the weekend by the law, right?
　(A) prohibited by law というのが決まった言い方。by the law と書くのであれば、たとえば the law of the New York State と限定しなければならない。従って law に冠詞をつけないで Study is prohibited on the weekend by law, right? と書くのが適切だ。

　(B) law はこの文脈から「アメリカの法律」という限定を受けている。そのため the は必要である。書き換えは不要。

たった1人のネイティブスピーカーの意見を金科玉条とする人も珍しくありませんが、実は彼らの意見には多くの場合、このような揺れがあるのです。

1人のネイティブスピーカーの言うことを信用しきるのは危険です。特にそのネイティブスピーカーがことばに関心を持っていない場合や、ほとんど読書もしていないような場合には、そのような人に英語の質問をするのにそもそもどれだけの意味があるでしょう？

この件について、アメリカの大学院で私に英作文を教えて下さった指導教官がいつも「ニューヨーカーに英語の質問はするな」とアドバイスして下さったことを思い出します。「ニューヨーク市には様々な英語があり、英語を話さない人も多い。そのような町で育った人の英語を、どうして信用できるのか」というのが先生の持論でした。

戦略 No. 7
S + V + O を活用すべし

　私たちは英文法の時間に 5 文型を学びました。無限に作り出される英文が、所詮は 5 つのパターンに収まると知ってほっとした人もいるかもしれません。特に私たちが英語を読む時に頼りになる「コンパス」を与えてくれたという意味で、この 5 文型はとても有意義な文法項目だと言えるでしょう。

　しかし英文を書くという観点からこの 5 文型を考える際には、ちょっとした整理が必要です。英語を書く際に、5 文型全てが同じくらい役に立つわけではないからです。「英文ライティング上の有用性」という観点から分析すれば、5 文型にも中心的な構文と周辺的な構文があると言えます。次の表は、書く立場から 5 文型の主な働きをまとめたものです。

　このように 5 文型の本質を捉えると、各文型の用途は意外と限られている

第 1 文型 (S + V)	
例文	□ このようなことが起きたならば、私どもはどうしてもそれを知りたいと思います。 □ If this has happened we would certainly like to know about it.
主な働き	「S が V する」という意味を表わす。主語がある行動を起こすことを示す。それが他の人やものに影響を与えていることはあまり問題にしない。この文型で使われる動詞は自動詞と呼ばれ、動詞が自動詞として用いられる頻度数は、他動詞に比べると高くない。「単独行動」を表わす。
第 2 文型 (S + V + C)	
例文	□ もし貴社の価格が他に負けないものであり、引き渡しが早いならば、大量注文をお出しできるかもしれません。 □ We may be able to place substantial orders with you if your prices are competitive and your deliveries prompt.

第3章 メッセージライティングの戦略を学ぶ

主な働き	「SはCである」という意味を表わす。主語がどのような特徴を持っているのか、どのように定義できるのかを表わす。「定義」や「特徴」を表現する。
第3文型（S＋V＋O）	
例文	□ 期限内に注文品を引き渡すことができなかったことに対して、心よりお詫び申し上げます。 □ We are extremely sorry that <u>we have not been able to deliver your order</u> in time.
主な働き	「SはOをVする」という意味を表わす。主語がある行動を起こし、その行動が他のものや人に働きかけ、影響を与えることを示す。この文型で使われる動詞は他動詞と呼ばれ、英語で最も頻繁に用いられる。「影響行動」を表わす。
第4文型（S＋V＋O1＋O2）	
例文	□ 残念ながら、貴殿が現在求めている役職を提供することができません。 □ We regret that <u>we cannot offer you the position</u> you seek at the present time.
主な働き	「SはO1にO2をVする」という意味を表わす。この文型は、主語が人にものを引き渡す時にもっぱら用いられる。なお、この文型で使われる動詞の数は限られている。「授与行動」を表わす。
第5文型（S＋V＋O＋C）	
例文	□ わざわざ私どもにこの状況をお教え下さりありがとうございます。 □ We appreciate the time you took to <u>make us aware</u> of this situation.
主な働き	「SはOをCの状態にする」という意味を表わす。動詞が使役動詞の場合には、主語が人やものにある変化を起こすことを示し、動詞が感覚動詞の場合には、主語が人やものがどのような状態にあるのかを認知することを示す。この文型で使われる動詞は非常に数が限られている。「使役」や「感覚」を表わす。

ことが分かります。第2文型は「定義」や「特徴」を表わす際によく用いられますが、ビジネスメッセージでそのような文型が必要となるのは、製品・サービスの説明、人や企業の描写が主な場合でしょう。第4文型の用法は「もの・書類・情報の受け渡し」の表現にほぼ特化されています。

5文型の中で、ビジネス英語で最も中心的な働きをしている文型は第3文型だと言えるでしょう。ビジネス・コミュニケーションでは、買主と売主が「相互作用」を繰り返しながら、双方にとって満足のいく取引関係を構築することが目標です。そのため「影響行動」を表わす第3文型が最も適しているのです。

実は、この第3文型について、J. M. Williams という英作文の専門家は「第3文型は読み手にとって予想がしやすい (predictable) ので、できるだけそれを使って文章を書くべきだ」と論じています。彼は、下記の文を比較して、「第2文型を使っている文章よりも第3文型を使っている文章のほうが読みやすい」と説明しています。

> 彼らの収入増は、販路の拡大の結果です。
> (×) Their increase in revenues was a result of their expansion of outlets.
> (○) They increased revenues because they expanded outlets.

> その委員会は記録を検査するつもりです。
> (×) The intention of the committee is to audit the records.
> (○) The committee intends to audit the records.

英語、特にビジネス英語では第3文型を中心に文章を書くべし、という原則がどのように私たちの書く英語の質を上げるのかを、具体例を通して見ることにしましょう。次の日本語とその英訳を見て下さい。

> □ あなたが来週、部の会議でこの件を取り上げる前に、私とそれを話し合うことが重要です。
> (×) It is important for you to discuss this matter with me before you bring it up at the departmental meeting next week.

第3章　メッセージライティングの戦略を学ぶ

　この英文の最大の問題点は、非常に強い命令口調になってしまったことにあります。「会議に議題を出す前に、必ずこの私に相談しなさい」と言っているように聞こえるのです。実際、この英語をネイティブスピーカーに対して使った日本人は、彼と喧嘩になってしまいました。

　この日本語を、第3文型を使って書くと次のように無難な英語を書くことができます。

> (○) I would suggest that you discuss this matter with me before you bring it up at the departmental meeting next week.

　上記の例を詳しく見ると、第3文型を使って英語を書くことは別の利点を生むことも分かります。それは私たちが英文を書く際に、

> □ 「イコール」を意味するだけの「be動詞」ではなく、動作や状態を表わす「一般動詞」を使う機会が増えること。これによって、英文が力強くなる。
> □ 主語に人を置く文章が増えること。これにより、文がよりpersonalな口調を持つようになる。

ということからです。では、次の文はどこを直せばよいでしょうか？

> □ 当社は東洋商社で、ブーツ、靴、手袋、ハンドバックなどの革製品を、日本各地の一流デパートや専門店に定期的に供給しています。
> (×) We are Toyo Trading Co., Ltd, regular suppliers of Leather Products such as Boots, Shoes, Gloves, and Handbags to first-class department stores and specialty shops in various parts of Japan.

　この英文には文法上の問題はありません。しかし最も重要なメッセージが「提供する」ことであるのに、英文で使われている動詞がbe動詞であるという点が問題です。原則的に、be動詞は単に「イコール」の意味を持つだけであり、力強さを感じさせる動詞ではありません。「提供する」という点が当社の「売り」であるのに、表現が十分に強くないのです。

　supplyという一般動詞を使えば次のように力強い文章に変わります。

> (○) We at Toyo Trading Co., Ltd. supply on a regular basis Leather Products such as Boots, Shoes, Gloves, and Handbags to first-class department stores and specialty shops in all parts of Japan.

最後に次の文章を考えましょう。

> □ 彼はいつも支払いにおいて時間厳守であり、仕事の方法も着実である。
> (×) He is always punctual for time for payment and is steady for his manner of doing business.

この英語を文法的な文章に書き換えると He is always punctual in payment and (is) steady in his manner of doing business. となります。ただしこのような書き換えを思いつくのは、かなりの英語力が必要でしょう。

ところが「be 動詞以外の動詞を使って英語を書く」という原則を生かすと、簡単に力強い英文を書くことができるのです。

> (○) He meets his payment obligations on time, conducting his business with steady regularity.

For Further Study

最後の文で使った with steady regularity は、私がこの文を書く時に、たまたま頭に浮かんだことばです。私たちが英語を書く時には臆病なまでの「前例主義」(p. 144 参照) が望まれますので、Google というサーチエンジンを使って、この表現が実際に使われているかを確認しました。その結果、50 件の用例がヒットし、またこのことばを使っているホームページも信頼できるものだと判断し、使うことにしたのです。

第3章 メッセージライティングの戦略を学ぶ

コラム 「財布を盗まれた」を第3文型で表現すると？

皆さんが財布を誰かに盗まれたとしましょう。いくら英語では第3文型が中心であるといっても、犯人が誰か分からない状況では「～が私の財布を盗んだ」という文章を作ることは不可能であるように思えます。

しかし英語では、たとえ犯人が分からなくても第3文型を作ることが簡単にできるのです。下線部に注意して、次の文章を見て下さい。

Then, one night, she was walking from art class to the train station again.

In the same spot on the same sidewalk was the same woman with the same child.

"Please help me," the woman was wailing. "Someone stole my wallet. I have no way to get my child home."

And the child was hugging the mother, seemingly in terror of what would happen if the two of them were stuck downtown.

Klay approached the woman.

"Someone has stolen my wallet," the woman sobbed.

"Someone stole your wallet again?" Klay inquired.

The woman kept moaning, and the child kept hugging.

"I just gave you money the other week," Klay said. "You said someone had stolen your wallet then."

(*Chicago Tribune*, 8/18/86 下線は筆者)

wail　泣き叫ぶ

in terror of ～　～をおそれて
be stuck　立ち往生する

inquire　尋ねる

moan　うめくように言う

つまり、someone ということばを主語に置くことにより、主語の身元が不明な場合でも第3文型の文章を作ることができるのです。英語は第3文型を多用するために、「主語のダミー機能」を持つ someone を作り出したのでしょう。someone を「誰か」と訳すだけでは、このことばを使いこなすのは無理なのです。

戦略 No. 8
「最小情報単位」を早く示すべし

　第3文型の文をさらに分かりやすい文章にするためには、「誰が～する」という情報を文章のできるだけ早い段階で示すのが有効です。次の文章を見て下さい。

> □ 注文書 P-1234 号に従い、5月25日に貴社に注文した商品が今朝当社に到着しました。
> (×) The products ordered from you in accordance with P/O No. P-1234 on May 25 reached us in good condition this morning.

　確かにこの文章は〈S＋V＋O〉という情報提示順序を守って書かれていますが、決して読みやすい文章ではありません。主語が長すぎるために、「主語が何をするのか」という情報を読み手が理解するには、文頭から15語も読まなければならないからです。
　次の文章と比較して下さい。

> (○) We have received our Order (P/O No. P-1234) in good condition this morning.

　この2例から、分かりやすい文章とは、読み手がストレスなく「誰が～する」という内容を理解できる文章だと分かります。本書ではこの「誰が～する」を「最小情報単位」と呼び、分かりやすい英文を書くためにはそれをできるだけ早い段階で示すことを目指します。
　「最小情報単位」が早めに提示されているのか、という点から次の文章を考察しましょう。

> □ 当社の詳細な価格表から、価格の割には当社の商品はお値打ち品だとお分かりいただけると存じます。
> (×) We feel sure that you will find from the detailed price list enclosed

> that our bags offer good value for the prices.

　この例では、最も伝えたい情報である our bags ～ が現れるのが遅すぎます。特にこれは受信人にとって良い知らせなのですから、どうしても次の文章のように「最小情報単位」を繰り上げて示したいところです。

> （○）You will be pleased to find that our bags offer good value for the prices, whose details are given in the enclosed price list.

　次の例も改善が必要です。

> □ A社によるそのデジタルカメラの生産は開始されたばかりだったので、佐藤氏が展示会用に、10ケースの商品を確保することは不可能だった。
> （×）As the production of the digital cameras by A had just been launched, it was impossible for Mr. Sato to secure ten cases of the products for the exhibition.

　As 節で「最小情報単位」が現れるのが遅いことに加えて、主節で〈it is 形容詞 for 人 to-不定詞〉という構文を使ったことが、この文をさらに読みにくくしています。

　〈it is 形容詞 for 人 to-不定詞〉という構文は私たちになじみの深いものですが、これは

> □「最小情報単位」が現れるのが遅くなる
> □ 人が主語ではないので、impersonal に響く
> □ 文の内容によっては、大げさに響く

傾向があるという特徴を持っている構文です。I can't find my pencil. と言えばよいところを、It is impossible for me to find my pen. と言うと、なんとも奇妙に響くのです。私たちの書く英語の主語には、原則的に人を置くのがよい、と言い換えてもいいでしょう。

　そこで上記の例の英語を手直しすると、

8.「最小情報単位」を早く示すべし

> （○）As A had just started producing the digital cameras, Mr. Sato could not secure ten cases of the products for the exhibition.

　このように、「誰が〜する」という「最小情報単位」を文章の早い段階で提示することができれば、一見すると読みにくいほどの長さの英文でも、その意味を理解することはさほど難しいことではありません。
　次の 41 語からなる新聞記事を見て下さい（The dismal data は「日本の失業率が上昇し消費者価格が下がっている」データを指します）。

The dismal data highlighted the tough task facing Prime Minister Junichiro Koizumi, who is to meet President George W. Bush this weekend to discuss his plans for economic restructuring in Japan that could exacerbate unemployment and deflation in the near term.　（*IHT*, 6/30/01）	dismal　暗い restructuring　リストラ exacerbate　悪化させる

　文章の長さについては Rudolf Flesch が明らかにした次の数字が有名です。

1 文あたりの語数（平均）	読みやすさ
29 語以上	非常に難しい
21 語	かなり難しい
17 語	標準
14 語	かなり簡単
11 語	簡単
8 語	非常に簡単

　従って 41 語といえば、「標準」の英文の 2 倍以上の長さを持つ文章であり、極めて難解な文章のはずです。ところが上記の英文はさほど読みにくい文章だと思えません。実際、多くの人々に読まれる新聞が難解な文章を書くはずはないでしょう。

第3章　メッセージライティングの戦略を学ぶ

　これだけの長文が読みやすい理由は、〈S + V + O〉を多用し、しかも「最小情報単位」を、次から次へと早い段階で提示しているためです。この文の「最小情報単位」とS + V + O構造を表にしてみましょう。

---

1. The dismal data highlighted the tough task
   - □ 主　語：The dismal data = この暗いデータが
   - □ 動　詞：highlighted = 浮き彫りにした
   - □ 目的語：the tough task = その大変な仕事を
   - ※「最小情報単位」が出現するまでに要した単位数：4語

2. the tough task facing Prime Minister Junichiro Koizumi
   - □ 主　語：the tough task = その大変な仕事が
   - □ 動　詞：facing = 直面している
   - □ 目的語：Prime Minister Junichiro Koizumi = 小泉首相に
   - ※「最小情報単位」が出現するまでに要した単位数：4語

3. who is to meet President George W. Bush this weekend to discuss his plans for economic restructuring in Japan
   - □ 主　語：who = 小泉首相は
   - □ 動　詞：is to meet = 会う予定
   - □ 目的語：President George W. Bush = ブッシュ大統領と
   - ※「最小情報単位」が出現するまでに要した単位数：4語

4. that could exacerbate unemployment and deflation in the near term.
   - □ 主　語：that = その計画は
   - □ 動　詞：could exacerbate = 悪化させることになるかもしれない
   - □ 目的語：unemployment and deflation = 失業とデフレを
   - ※「最小情報単位」が出現するまでに要した単位数：3語

　Flesch は英文の平均的な長さは 17 語であり、それよりも長い文は読みにくいと論じました。しかし第 3 文型を中心として文章を書き、早い段階で「最小情報単位」を読み手に示せば、41 語の文章でも理解するのに苦労はないことが分かります。

8. 「最小情報単位」を早く示すべし

For Further Study

　ビジネスメッセージの中でこの「最小情報単位」をあまり早い段階で明らかにしないほうがよい場合があります。受信者に悪い知らせを伝える場合がそれです。次の文章の「最小情報単位」は it does not meet であり、文章開始から 23 語目でそれが明らかにされます。

- ☐ My staff and I have studied your materials very carefully and have reached the conclusion that, although your program is very impressive, it does not meet our present needs or requirements.
- ☐ スタッフ共々、資料を丁寧に拝見致しました。貴社のプログラムはとても印象的であるものの、当社の現在のニーズや要件を満たしていないとの結論に達しました。

　My staff and I 〜 is very impressive までの表現は、悪い知らせを伝えることを暗示する「クッション」の働きをしています。

第3章　メッセージライティングの戦略を学ぶ

> **コラム**　**最も英語らしい表現は I love you.**

「最も英語らしい表現は何か？」と問われたら、私は "I love you." という文章をあげます。そう考える理由は2つあります。

- (A) この文の構造が、英語で最も頻繁に使われる S + V + O であること。
- (B) 低コンテキスト文化を背景として持つ英語らしく、文脈から明らかであるはずの "I" や "you" を、わざわざ明示していること。

(B) について説明しましょう。英語は低コンテキスト文化の言語であり、反対に日本語は高コンテキスト文化のことばだと考えられます。低コンテキストの文化とは、話し手と聞き手が、共通の知識や経験をあまり持っていないために、できるだけことばを使ってコミュニケーションを行なおうとする文化を指します。英語を母語とする人たちが何も話すことがない時でも、わざわざ "I have nothing to say." と言うのはそのためです。

英語で「私が好きなのはあなたである」には、状況から分かり切った I や you を言わなければなりませんが、それは以上の観点から説明できるでしょう。

一方、日本語は高コンテキスト文化の産物です。話し手と聞き手との間には言語化しなくても分かり合える共通の土壌があると考え、ことば以外のコミュニケーション手段を重要視する文化の産物なのです。「空気が読めない人」「気の利かない人」ということばは誉めことばではありません。ことばへの依存度が低い文化では、何も話すことがない場合には、黙っているのが普通です。

日本語で「私が好きなのはあなたである」と言う時、文脈から明らかな「私」や「あなた」を取り除き、「好きだ」と言うだけで十分なのは、高コンテキスト文化の影響であると思われます。英語のように「私はあなたが好きだ」と日本語で言うと、かえってありもしない意味を探られる結果になるかもしれません。

アメリカの成人は日本の成人の2倍話をするというデータもあります。日本人が英語を話す時には、「くたくたになるほど話し続けるのだ」という覚悟が必要なようです。あなたが好きな人とデートをしていても、あなたが相手のことを好きだと「目」でずっと訴えていても、英語で愛情を表現するためには I love you. と3語も必要なのですから。

戦略 No. 9
動詞を中心に英語を書くべし

次の3つの中で、どの文章が感謝の気持ちを最も強く表現していると思いますか？

(1) Thank you for your e-mail of October 14 concerning our Order No. 66.

(2) Many thanks for your e-mail of October 14 concerning our Order No. 66.

(3) We have received with thanks your e-mail of October 14 concerning our Order No. 66.

正解は (1) の動詞の thank を使っている文章です。(2) の名詞の thank は動詞に比べると表現力が弱く、(3) の with thanks という修飾語では、感謝の気持ちは最も弱いと言えます。

動詞の役割は、その名前が示すように、「動き」や「働きかけ」を表現することです。名詞が「静的」な情報、修飾語句が「飾り」の情報を伝えるのと比べると、動詞は表現の力強さにおいて格が違うのです。私たちが力強い文章を作りたい時に、動詞は中心的役割を演じる品詞なのです。

動詞を使うことの利点が最も際立つのは、動詞の派生名詞を中心にして組み立てた文章と比較した時です。下線部が動詞の派生名詞です。

(A) (×) We inform you of our intention to contact some prominent manufacturers in your country with a view to choosing lines suitable for our market.

(B) (×) It is necessary to make a review of our sales strategies before we start another sales campaign in China.

(C) (×) Careful consideration of this issue is of vital importance for our survival in this business.

第3章　メッセージライティングの戦略を学ぶ

　動詞から派生した名詞は抽象的で、複雑かつ人間味の感じられない文章を生み出すという欠点があります。動詞を使って先の文章を書き換えたのが次の文です。簡潔に、力強く、分かりやすい文章になったことが分かるでしょう。

(A)（○）We would inform you that we intend to contact some prominent manufacturers in your country to choose lines suitable for our market.

(B)（○）We should review our sales strategies before we launch another sales campaign in China.

(C)（○）If we are to survive in this business, we should consider this issue very carefully.

　このように動詞を中心にして英語を書くことは、簡潔で、読みやすく、力強い英文を作ることを可能にしてくれますが、さらにこの原則は、私たちのように英語を母語としないものの大きな味方となってくれます。動詞を使って英文を書けば、「冠詞」「前置詞」という英語の難関を避ける可能性がかなり高くなるという点です。

□　ABCは1962年以来、電気玩具の輸出に従事しております。
(×) ABC has been engaged in export for Electric Toys since 1962.

　この文章の問題点は、be engaged in export for 〜 という単語のつながりが正しいものなのかどうかについて確信が持てないことです。export は the export とするべきなのか？ export の後は for で正しいのか？ そもそも be engaged in ということばと export ということばの相性は良いのか？ conduct business のほうが自然なことばの結びつきではないのか？ など様々な疑問点が頭をよぎりますが、それに対する答えはすぐに出せそうもありません。

　冠詞、前置詞についての判断は、どれだけ英語を勉強してもなかなか確信を持つことができません。これらの勉強は一生仕事だと考え、私たちが英語を日常書く際には、できるだけこの2つの難所を避けるべきでしょう。

9. 動詞を中心に英語を書くべし

　左記の文章も動詞の export を使って書けば次のような文章となります。これなら自信を持って書くことができるでしょう。

(〇) ABC has been exporting Electric Toys since 1962.

　次も名詞、特に動詞の派生名詞に頼ると、自信を持って英語を書くことは難しいということを私たちに教えてくれる例です。

□ 私には様々な国を出張で訪問したという楽しい思い出がたくさんある。
(×) I have many good memories that I visited many different countries on business.

　この文章は同格の that を使い memories の内容を説明しています。この「同格の that」について、私たちは「名詞 (…) + that 節〜」=「〜という…」と機械的に覚えてきました。なじみの深い表現だと言ってもいいでしょう。
　ところがこの構造について、私たちは最も重要なことを教わってこなかったのです。それは「同格の that 節をとる名詞は非常に少ない」という点です。上記の memories という名詞も、大多数の名詞と同じように、同格の that をとらないのです。
　では、どの名詞の後であれば同格の that を使うことができるのでしょうか。辞書は、fact, rumor, possibility などの代表的な名詞は例示していますが、私たちが実際に英語を書いている時には、そのような一般的な指針は役に立たないことが多いのです。「今使おうとしているこの名詞に that 節を結びつけることはできるのか」というせっぱ詰まった疑問にほとんどの場合、辞書は回答を与えてくれません。しかも私たちが英語を話し書く時には、その辞書を引く時間すらないこともしばしばです。
　私たちはやはり「できるだけ動詞を使って英語を書く」という指針を守るべきでしょう。その指針を使えば上記の日本文も自信を持って、次の英文に変換することができるのです。

(〇) I remember very fondly that I visited many different countries on business.

第 3 章　メッセージライティングの戦略を学ぶ

コラム　確信が持てない冠詞の判断

下の英作文問題を解き、その英語をネイティブスピーカーに添削してもらったことがあります。

問題文：私は上京するたびに街の変わりようの早さに驚いてしまう。30階を超すビルディング工事があちこちで行なわれている。

私の解答：Every time I come up to Tokyo, I am amazed at a fast speed at which the city changes.

ネイティブスピーカーのコメントは次の2点でした。

1. at の重なりが気になる。英語では、特別な場合を除いて、同じ音や同じ単語の繰り返しを避けるべきである。
2. speed は不可算名詞であって at fast speed としなければならない。しかし at a fast pace と言うことはできる。"speed" についてはその程度を range で考えるが、"pace" ではそれを point で考えるからだと思う。

私は、1点目の「音の重なり」については、十分に注意を払えば、将来自分ひとりでも修正できるだろうと思いました。しかし、2点目の「冠詞」の誤りについては絶望的な気持ちになったのです。このような冠詞のミスは指摘されて初めて気がつく点であることが多く、英作文の最中に問題を予測し修正を行なうのは不可能に近いと思わざるを得ませんでした。

しかもこの「絶望感」は次の用例を見た時にさらに強まりました。この speed には不定冠詞がついているのです。

> Please speak in moderate tones at a moderate speed.
> (*Chicago Tribune*, 4/13/91)

ここで a が使われているのは、at a moderate speed of 〜 words per minute などの表現の感じを残しているためでしょう。しかし全ては「後の祭り」です。ネイティブスピーカーによって書かれた英文を見て「評論」はできますが、実際に英語を書く段になると、そこまで確信を持つことは不可能です。

「冠詞は魔物」なのです。残念ながら、冠詞は私たちにとっては時には手に負えない強敵です。できるだけ取っ組み合いのケンカをしないようにするのが得策でしょう。

戦略 No. 10
情報の重要性や関連を示すべし

　私たちが書く英文には「メリハリ」のないものがあります。一見しただけでは、どこが重要なのか、どこが補足説明なのかが分かりにくい場合があるのです。たとえば、次の文章では、「資料を請求した」ことと「資料が未着である」が並列されており、どちらが重要であるのかという判断は読み手に丸投げされています。

> ☐ 主当社は2月3日付のファックスで、貴社の「日本の休暇」のパンフレットと価格表を送って下さるようにお願い致しましたが、未だにその情報をお送り頂いていないようです。
>
> （×）We requested in our fax of February 3 your brochure and price list of your "Holiday in Japan." We do not seem to have received them yet, however.

　英語には、情報の重要性の違いを示す「マーカー」というべきものが発達しています。「マーカー」を使うことにより、文章間に存在する論理的関係や重要性の差を明確に示すことができます。

　下記の改作案では、「資料を請求した」点を関係代名詞節に入れ脇役とし、「資料が未着である」ことを主役として目立たせました。

> （○）We do not seem to have received your brochure and price list for your "Holiday in Japan", which we requested in our fax of February 3.

　このマーカーを利用するためには、英語を書き始める前に、伝えなければならない情報の間に存在する関係や重要性の違いについて考えをまとめておかなければなりません。読み手にとって理解しやすい「メリハリのきいた」英文を書くには、書き手が前もって情報を「下ごしらえ」し、その上でマーカーを利用することが必要なのです。英語力が高い人は日本語を見ると、さしたる苦労もなくすぐに英訳することができる、というような見方は正しく

ありません。英語力の高い人の頭はこの情報の下ごしらえをするために、全速力で回転しているのです。

英語で使われる「重要性の度合いを示すマーカー」は、おおざっぱに言って、次の3種類に分かれます。

1. therefore や however などの「接続語句」
2. though や because などの「接続詞」
3. which や who などの「関係代名詞」[1]

文章間の「論理関係」を示す「接続語句」と「接続詞」

「接続語句」と「接続詞」というマーカーは、文章同士の関係が「因果関係」なのか、それとも「条件と結果」なのかなど、「文章間の論理関係」を示します。私たちの英文に and や but が目立って多い場合や、短文が連続している場合には、文章間の「論理関係」を読み解く作業を受信者に押しつけていると言えます。このような危険信号を自覚した時には、「接続語句」「接続詞」というマーカーを使うように心がけて下さい。例えば、次の例を見て下さい。

> □ 梱包を解いてみると、貨物が損傷していることがわかりました。
> (×) We unpacked the parcel and found that the goods were damaged.

ここでは「梱包を解く」というルーティーンの作業と、「貨物破損」という異常事態が同等に扱われており不合理です。これは次のように書き換え、「貨物破損」を際立たせるのがよいでしょう。

> (○) When we unpacked the parcel, we found that the goods were damaged.
> (◎) On unpacking the parcel, we found that the goods were damaged.

---

[1] 関係副詞はビジネス英語ではほとんど使われません。*BM Corpus* での ", where" と ", when" の使用頻度はそれぞれ 150 万語あたり、3回、5回と極めて低いものです。このために本書では関係副詞を取り上げません。

10. 情報の重要性や関連を示すべし

> ### For further study
>
> When we unpacked the parcel のように「主語＋述語」を含むものを「(副詞)節」と呼び、On unpacking the parcel のようにそれを含まないものを「(副詞)句」と呼びます。「節」と「句」では、「節」のほうが重要な情報を担います。
>
> このような文法の単位を、それが伝える情報の重要性の「高→低」の順序で並べると、① 主節、② 従属節、③ 句、④ 語、となります。
>
> 左記の「梱包を解く」という情報に焦点を合わせる必要性はありません。そのため、ここであげた改善例の中でも On unpacking the parcel がより優れていると言えます。

では、ビジネス英語でよく用いられる「接続語句」や「接続詞」のマーカーにはどのようなものがあるのでしょうか？ 次表は注意すべきマーカーを、ビジネスメッセージを書く際の「使用上の注意」と共に一覧表にしたものです。

注意すべき接続詞

単語	意味	使用上の注意
as	理由	ビジネス英語で「理由」を表わす中心語。文頭で使われ、依頼や断りなどの理由を表わす。比較的堅いことば。
since	理由	as と同様の働きをし、アメリカ英語で好まれる。特に自明の理由をあげる場合に使われる。
because	理由	文中で使われ、受信者の知らない理由を述べる時に使われる。一般英語では as や since よりも一般的な語。
when	時	時を表わす一般語。時折「〜だけれども」の意味を表わす場合がある。

第 3 章　メッセージライティングの戦略を学ぶ

before	時	時間軸に沿って出来事を書く時に便利なことば。
as soon as	時	As soon as conditions improve, we will get in touch with you. のように、良い知らせを伝える時に when の代わりに使うと効果的である。
while	時 譲歩	While we appreciate your order, we must point out that 〜 のように、文頭で使われるとしばしば譲歩を表わす。
if	条件	条件を表わす一般語。ビジネスでは受信者に対して〈良い知らせ＋if＋依頼〉という交渉用の構文で使われる。
provided	条件	if より強意的で「〜という契約の条件を満たせば」の意味で用いられることが多い。
unless	例外	文中で使われることが多く「ただし〜する場合を除いて」という意味を表わす。Unless we receive this item within the next week, we will have to cancel our order. のように最後通告の中で使われることも多い。
though; although	譲歩	though は譲歩を表わす一般語であり、文頭でも文中でも使われる。although は文頭で使われることが多く、though より強意的で堅い語。この 2 語が持つ譲歩の明確な意味と音の強さを嫌い while を代わりに使う場合も多い。
so that	目的	so that S can V の形で「〜が…するために」と目的を表わす。助動詞の頻度数は ① can、② may、③ will の順。

10. 情報の重要性や関連を示すべし

注意すべき接続語句

単語	意味	使用上の注意
however	逆接	文頭でこの語を使うと "However hard you may try" のように「どれだけ~しようとも」の意味を表わすように思われるので、文中で使うようにと言われることが多い。しかし *BM Corpus* では約 40% の例が文頭で使用されており、意味が曖昧な例もない。文頭で使うことを禁じる理由はないだろう。
nevertheless	逆接	「前に述べたことにも多少の妥当性はあるが」の意味を表わす《格式》語。ビジネス英語ではあまり使われない。
therefore	結論	ビジネス英語では単に結論を述べるのではなく、状況を説明した後で、依頼や断りを導くために用いられる。
in [under] the[se] circumstances	結論	therefore の強調形と考えればよい。重要性が高く、要求度の強い依頼や断りを書く際に使われる。
thus	結論	文語の響きがあるためか、therefore よりもはるかに使用頻度が低い語。文頭でも文中でも使うことができる。
hence	結論	《格式》の響きが強く、ビジネス英語ではほとんど使われない。使う時には "Hence, + 名詞." のように使う。
meanwhile; in the meantime	同時	「同時に」の意味で使われるよりも「話は変わって」の意味で、新しい話題にさりげなく入る時に使われる。

on the contrary	否定 対照	この句は文頭で用いられ、相手の言葉を否定する働きを持つ。会話でよく使われるためか、ビジネスメッセージではまず使われない。
anyway	訂正 継続	「すでに述べたことはさておき」の意味を持つために、論理的構造を重要視するスピーチ、ディベート、ビジネス英語などでは使うべきではない。
in addition	追加	ビジネス英語で追加を表わすことばの中では最も使用頻度が高い。moreover や furthermore などは1語であるために十分強くないと思われるのか、あまり使われない。besides は《略式》の響きがあり、使われることはさらに少ない。
accordingly	状況 論理	「従って」ではなく、We will take immediate steps to handle the matter accordingly. のように「(前述のことに)応じて」の意味で用いられることが多い。
by the way	余談 脱線	この語句はもともと「(本題から)脇道にそれるが」の意味を持つ。内容の一貫性を重んじるビジネスメッセージで使うべきではない。同義語の incidentally も同様。日本語の「さて」の英訳語ではないことに注意。

「補足説明」を表わす「関係節」

　関係代名詞の機能は、主たるメッセージに「補足情報」を付け足すことだと言えます。私たちは、関係代名詞を重要な文法項目として学びましたから、それが重要な情報を導くように感じる人も多いでしょう。しかし実際は、多くの場合、「付け足し」や「念押し」のための情報を伝える「脇役」にすぎません。

10. 情報の重要性や関連を示すべし

次の日本文を見て下さい。(A) と (B) の情報が重要であるのに対して (C) は付け足しにすぎません。ところが、下の英文では (C) の内容も full sentence で表現しているのです。

> (A)ご照会の商品は、残念ですが当社では扱っておりません。(B)太田商会にあたって下さい。(C)同社の所在地と電話番号は下記の通りです。
>
> (×) We regret to say that we do not handle the goods you inquired about. We suggest that you contact Ota & Co. Their address and phone number are given [shown] below:

(C) が付け足しであることを示すには、次のように関係詞を使い表現するのがよいでしょう。

> (○) We regret to say that we do not handle the goods you inquired about. We suggest that you contact Ota & Co., whose address and phone number are given [shown] below:

For further study

☐ その商品は特殊な研磨動作を行ないます。そのため、ほとんど全てのサイズや形のナイフ、大ばさみ、はさみの刃を最も鋭く磨きます。

☐ The product has special honing action, which gives the sharpest edge possible to almost every size and contour of knife, shears, and scissors.

この文章で使われている関係代名詞は「主格用法」と呼ばれるもので、その後に続く動詞の主語として機能しています。実は、関係代名詞を使い長い文章を書かなければならない場合でも、主格用法を使えば、文章全体の読みやすさを大きく損なうことはないのです。ビジネス英語で関係代名詞を使う時には、主格用法を中心にするべきだと言えます。

関係代名詞の主格用法が読みやすい理由は、たとえば上記の文章の場合であれば、which gives the sharpest edge possible 〜 を The action gives the sharpest edge possible 〜 のように読み手が「翻訳」し理解できるからです。つまり、読み手が which から新しい文が始まるかのように読み進めることができるのです。しかも〈which＋動詞〉を読むだけで、読み手は英語の「最小情報単位」である「誰が＋どうする」を理解できるので、英文を読み解く負担感をほとんど感じないというわけです。

先述の whose は「所有格用法」の関係代名詞ですが、whose address and phone number 全体が主語として機能しているために、主格用法に準ずる読みやすさを感じさせています。このように関係代名詞をそれに続く文章の主語として使えば、長い関係詞節でも、読み手に過度の負担をかけることは少ないのです。

実際ネイティブスピーカーも関係代名詞の中心は主格であると、無意識にせよ感じているようです。1億語からなる *British National Corpus* を使い、関係代名詞 which の用法を見ると、主格の関係代名詞が使われているのが90％、目的格が9％、補語格が1％でした[2]。

2　SARA という BNC 付属のプログラムを使い、which の用例を無作為に 100 選び、分析した結果です。

10. 情報の重要性や関連を示すべし

コラム　アメリカ人からプレゼントをもらったら

　アメリカ人にプレゼントを渡すと、その場で箱を開け中身を確認することはよく知られています。ハリウッド映画の影響でしょうか、日本でも若い人の中にはアメリカ流のプレゼント交換をする人が増えてきました。しかし、どうしてアメリカ人はわざわざプレゼントを開けてから感謝を表現するのでしょうか？

　それは、彼らはプレゼントの中身を知って初めて、ことばで十分に感謝の気持ちを伝えることができると考えるからです。プレゼントを渡したアメリカ人も、「プレゼントありがとうございます」というような一般的な感謝のことばでは、満足しないのです。実際、日本人にプレゼントを渡しても十分に感謝されていないと感じるアメリカ人は 70% にも及んだ、と Eisenstein と Bodman (1993) という研究者は報告しています。

　典型的な低コンテキスト文化であるアメリカでは、感謝の気持ちはことばでも十分に表現しなければなりません。プレゼントをもらった日本人が、たとえ満面の笑みを顔に浮かべ心から感謝を伝えていると思っても、その気持ちをことばで十分に表現しなければ、多くのアメリカ人は不満を感じるのです。

　ことばで具体的に感謝の気持ちを伝えるためには、プレゼントに関する情報がどうしても必要です。この情報収集のために、アメリカ人はプレゼントを開けると考えられるのです。Eisenstein と Bodman があげている次の例は、プレゼントに関する情報収集とそれに基づく言語による感謝の意思表示の様子をよく表わしています。

> **Woman 1:** I've got something for you.
> **Woman 2:** You do? (*takes package and unwraps*) Oh, my goodness. Why did you do this? . . . a blue sweater. (*giggles*) How did you know this is just what I needed? It's wonderful. Thank you. I'm so surprised!" (中略)
> **Woman 1:** I hope it fits.
> **Woman 2:** Oh, I'm sure it will. Thank you. (*goes to try it on*) It's medium, I'm sure it will. TA-DA!

　このように日本人には「わざとらしい」と思えるほどことばを駆使して嬉しさを表現しなければ、感謝の気持ちの存在そのものも疑われてしまう可能性が高いのです。アメリカ人にプレゼントをもらうのも大変です。

第3章　メッセージライティングの戦略を学ぶ

戦略 No. 11
英語の敬語を使いこなすべし

　私たちが感謝や謝罪の気持ちを精一杯伝えたいと願う場合には、効果的な感情の表現方法を知らなければ、相手に気持ちが伝わるはずがありません。相手に悪い知らせを伝える時になんらかの「心配り」が必要なのは英語でも日本語でも同じことですが、英語での心配りの表現方法に習熟しておかないと、知らず知らずの間に、失礼なものの言い方をしてしまいます。日本語と違って英語には「敬語」は存在しないと言う人がいますが、心配りが社会の潤滑油の働きをするという点では英語も日本語も同じなのです。英語には英語の「敬語」が存在します。

　では英語ではどのように丁重さを表現することができるのでしょうか？　大まかに言って、日本語と同じように英語でも、普通とは違う表現を「わざわざ」使うことによって、この心配りを示すのが普通です。この「わざわざ」を示すには、英語では次の4つの方法を使います。

---
1. 感謝や謝罪の気持ちを強調して示す。
2. 普段はあまり使うことのない、比較的難しいことばを使う。
3. 普段書く英文よりも長い文章を使う。
4. 相手に悪い知らせを伝える時には、クッションの働きをする表現を使う。

　これらの方法をひとつひとつ見ていくことにしましょう。

1.　感謝や謝罪の気持ちを強調して示す

　"Thank you for your offer." と言う代わりに、"Thank you very much for your offer." と強調して感謝の意思を伝えることにより、丁重さを表現することができます。これと同じ方法を使った表現には次のようなものがあります。

日本語訳	例　文
この5年間の弊社に対するすばらしいサービスに感謝しなければなりません。	I must thank you for the wonderful services you have rendered us for the past five years.
貴社を訪問させて頂いた時の、ご親切なおもてなしに感謝の気持ちを述べさせて下さい。	Let me thank you for your kindness and hospitality during my visit to your company.
この状況をお教え頂き、本当にありがとうございます。 ※苦情の手紙に対する返信で	I want to thank you for bringing the situation to my attention.
あなたと共に働くことを心より楽しく感じました。この機会をお借りして、長年にわたりあなたが私のためにして下さったこと全てに感謝致します。	I have thoroughly enjoyed being able to work with you, and would like to take this opportunity to thank you for everything you have done for me during these years.
貴社からの注文が非能率的に処理されたことについて心よりお詫び申し上げます。	We sincerely apologize for the inefficient way your order was handled.
商品の到着が遅れたことに対してお詫び申し上げます。	We must apologize for their delayed arrival.
このことによってご不便をおかけしたことをお詫び致します。	I apologize for any inconvenience you may have been caused.

2. 普段はあまり使うことのない、比較的難しいことばを使う

　「Thank ということばがあるのにどうして appreciate という難しいことばが英語にはあるのだろう」と思ったことはありませんか？　感謝の気持ちが強い時に thank のようなありふれたことばでは不十分だと感じることがあり

ます。そのようなとっておきの場合に、普段使わないような難しいことばを使うことによって丁寧さを表現するのです。

日本語訳	例　文
今まで弊社のカーペットを信頼して下さったことにお礼申し上げます。	We appreciate the confidence you have shown in our carpets.
ご愛顧に感謝すると共に、費用をできるだけ低く抑えるように最前を尽くします。	We are appreciative of your business and are trying to keep costs as low as possible.
ワシントン市のイギリス大使館に貴社の名前と住所を教えて頂きました。	We are obliged to the British Embassy in Washington for giving us your name and address.
急にお願いしたにもかかわらず、夕食を共にして下さり、彼女にお礼を申し上げたい。	I am indebted to her for joining us at dinner on such short notice.

3. 普段書く英文よりも長い文章を使う

　皆さんが「当社が依頼した情報をお送り頂き、ありがとうございます」と言いたい場合を考えてみましょう。おそらく "Thank you for sending us the information we requested." などという文章を思い浮かべるでしょう。ではこの文章ではまだ十分に感謝を表現できていないと感じたら、皆さんはどうしますか？

　感謝の気持ちを強く表現するためには、その文章を長くすることが非常に効果的です。この時、感謝すべき相手の行動について言及する場合に、ビジネスにおいてプラスのイメージを持つことば（care, courtesy, efficiency, effort, promptness など）を取り上げ、それに対して礼を述べるのがポイントです。

　次の図は "Thank you for sending us the information we requested." とい

う「基本文」を、より丁寧な文章にした代表的なビジネス英語表現です。下線部に注意して、どうすれば普段よりも丁寧な文章を書くことができるのかについての要領を感じ取って下さい。

基本文: Thank you for sending us the information we requested.

Thank you for taking the trouble to	send us the information we requested.
Thank you for the time you took to	
Thank you for taking the time and trouble to	
Thank you for the time you spent in	sending us the information we requested.
Thank you for the courtesy of	
Thank you for your efforts in	
Thank you for your help in	
Thank you for your promptness in	
Thank you for the prompt and considerate way in which	you sent us the information we requested.
Thank you for the care and promptness with which	
Thank you for the speed and efficiency with which	

4. 相手に悪い知らせを伝える時には、クッションの働きをする表現を使う

　カウンターオファーのように悪い知らせを伝えなければならない場合、悪い知らせの「緩衝材」となる一連の表現群が役立つことがあります。緩衝材となる英語表現には日本語に似通った項目もありますが、英語を見ただけでは緩衝材になるとは理解しにくいものもあるので注意が必要です。

第3章　メッセージライティングの戦略を学ぶ

(A) 文頭に置かれて緩衝材となる表現例

日本語訳	例　文
ご存知の通り、石油価格はこの数週間で急激に値上がりし、当方の現在の在庫品がなくなれば、値上げをしなければなりません。	<u>As you (may) know,</u> oil prices have risen sharply during the last weeks and we shall have to increase our prices when our present stocks are exhausted.
1ヤードあたり2セントの割引しか頂けなかったことに対して、率直に申し上げて、失望しています。	<u>(Quite) frankly,</u> we are disappointed that you can only offer a reduction of two cents per yard.
当該市場においてお手伝いしたいのは山々ですが、当方の価格には値引きの余裕はありません。大口の予約を期待して価格をもうすでに引き下げているからです。	<u>Much as we would like to help you</u> in the market you mention in your letter, we do not think there is room for a reduction in our quotation as we have already cut our price in anticipation of a substantial order.
貴注文に対してお礼申し上げます。しかしながら、当社が商品を納入しているのは、各地域の正規取引代理店に対してのみです。現在のところ、貴地域での代理店の数を増やす予定はありません。	<u>While thanking you for your order,</u> we have to explain that we supply only to authorized dealers in each town, and at present we are not considering increasing the number of dealers in your area.
この状況は当社が生み出したものではなく、契約時に予想できなかったという点をご理解下さい。	<u>You will understand [appreciate] that</u> this situation was not of our own creation and could not be foreseen at the time of contracting.

(B) 悪い知らせが続くことを予感させる表現例

次の We have given careful consideration to ～ という表現を読み、「そんなに時間をかけて検討してくれたのか」と喜んではいけません。この表現は依頼を断る前などに使われる決まり文句なのです。

日本語訳	例　文
2月5日付のお手紙ありがとうございます。当方のオファーに対する率直なご意見を慎重に検討致しました。	Many thanks for your letter of 5 February. We have given careful consideration to [We have carefully considered] your comments on our offer.

(C) 不本意を示す表現例

have to や must はビジネス英語では通例「不本意」を表わします。不本意を強調したい場合に備えて、さらに次の表現が用意されています。なお「余儀なく～させられる」という意味の表現を、不本意度の「強 → 弱」の順に並べると、① be forced to-不定詞、② be compelled to-不定詞、③ be obliged to-不定詞、となります。

日本語訳	例　文
この結果、当社は代理店にこの損失の一部を負担して頂くようにお願いしなければなりません。	In consequence we are compelled [obliged, forced] to ask our agents to bear a part of the loss.
指定された時間内に商品の引き渡しができなかったのですから、残念ながら、注文をキャンセルさせて頂かなくてはなりません。	As you have failed to deliver within the specified time, we have no choice [alternative] but to cancel our order.

(D) 今回の悪い知らせは例外であることを示す表現例

　悪い知らせが及ぶ範囲を狭めることによって少しでも明るい面に話を転じようとすることは、試してみる価値のある書き方です。

日本語訳	例　文
ABCに対する建て値を頂き、ありがとうございます。しかしながら、今回に限り、他社に注文を出さなければならなくなりました。	Thank you for your quotation for the supply of ABC but we have been obliged to place our order elsewhere in this instance.
前回の貴社の発送品は、貴社のいつもの基準には達していないことをお伝えしなければなりません。	We are very sorry to have to inform you that your latest delivery is not up to your usual standard.

11. 英語の敬語を使いこなすべし

コラム　　　所有格と冠詞の表わす感情

相手方の落ち度を指摘したり、義務について言及する時に you や your などを使い過ぎると、必要以上に読み手を非難してしまうことがあります。次の文章の下線部と、同じ内容を主格の you を使って書いた文を読み手の立場から読み比べてみて下さい。

1. As we have not heard from you since, we should like to ask whether you have had an opportunity to consider our products.
   ※比較：As you have not written to us since
2. This is the first time in all our dealings with you that any mistake has occurred and we hope you will do your utmost to remedy it.
   ※比較：you have made a mistake
3. The catalogue enclosed sets out our terms of payment in detail, and as our prices have been reduced to the limit you will understand that these terms must be strictly observed.
   ※比較：you must observe these terms strictly

否定的な知らせを伝える時に you や your を使わずに済ませるためには、①主語に you 以外のことばをもってくる、②受動態を使う、という方法が有効です。さらに、我々には気がつきにくい方法として、冠詞を活用することもできます。次の文章を見て下さい。

Your delay in delivering the carpets ordered on May 18 is causing us inconvenience, and it threatens the loss of one of our best customers.

Your delay in delivering が問題です。「遅れたのは相手だから、『貴社の遅れ』としか書けないのではないか」と私たちは思いがちです。しかし定冠詞を使い The delay in 〜 と書けば、若干非難がましい印象が減ることが分かります。

次の文章での下線部の定冠詞を your とすると、強い非難的な口調を持つことになります。これも定冠詞活用の好例です。

We learned from your fax that you expected to receive No. BC/56; on looking at your order again we see that what looked like a 'D' could indeed be a 'B' but the typing was smudged and not very clear.

第3章 メッセージライティングの戦略を学ぶ

戦略 No. 12
前例主義を守るべし

　私たちが英文を書く相手は、英語のネイティブスピーカーとは限りません。日本人が東南アジアのビジネスピープルと英語でコミュニケーションすることは、今や全く珍しいことではないのです。
　この事実は、私たちが英語を使う相手が私たちよりも英語に弱いかもしれないことを意味します。様々な言語・文化を持ち、英語力にもばらつきがあるという受信者に対して、私たちは「分かりやすい英語」を使うべきだというのが本書の主張です。そのための骨太の方針が本章で説明してきた「メッセージライティングの戦略」です。
　しかしこれらの方針も、私たちの頭をよぎる英文作成上の疑問点の全てを解決したり、未然に防いだりするわけではありません。次の例を見て下さい。

> ☐ 彼はそのパーティに立ち寄った。
> ☐ He dropped in at the party.

　この英訳はある熱心な予備校英語教師の手によるものです。彼が英作文のクラスで示したこの「模範解答」に対して、日本語よりも英語が得意な帰国子女の生徒が「この英語は少しおかしな響きがある」と言ったというのです。
　「この英語のどこがおかしいのでしょうか？」と彼から質問を受けた私は、世界最大と言われるテキストデータベースである *Lexis/Nexis* を使い、dropped in at と party の組み合わせを検索してみました。その結果、上記の文例はその生徒の言う通り、響きがおかしいことが分かったのです。
　上記の組み合わせの典型的な例は次の英文でした。

> The president, who is wont to drop in at parties for 15 minutes, stayed all evening. (*The Washington Post*; 7/1/87)

　つまり、party に drop in at するのは有名人で、そのパーティの格を上げ

るために「顔出し」をするという文脈で使われていたのです。一般人であるはずの「彼」では主語の場所にうまく収まりません。

　英語を書くという作業中に思い浮かぶ質問の多くは、「果たしてこの英語は使うことができるのか」というものです。このような質問に私たちはどのように向き合うべきでしょうか？

　幸い現在ではインターネットの助けを借りて、この問題をかなりの程度解決することができます。ひとつは、コーパス(電子化された言語分析用の言語の資料)の中で最も有名な *British National Corpus* を使う方法です。Simple Search of BNC-World (http://sara.natcorp.ox.ac.uk/lookup.html) というサイトでは、検索できる用例数は 50 と限られているものの、1 億語のデータベースを無料で利用できます。

　もうひとつの方法は、たとえば Google (http://www.google.co.jp/) などのサーチエンジンを使い、皆さんが使おうとしている英語表現を含むホームページがあるかをチェックするやり方です。たとえば、

- [ ] 貴社が昨年お出しになった注文の数を考え、100 台以上のコピー機の注文に対しては 30% の特別割引を認める用意があります。
- [ ] In view of the number of orders you placed last year, we are prepared to give you a special discount of 30% if you order 100 copiers or more.

という文章で the number of orders you placed と書いた時に「you placed はその前の orders を修飾しているのだから、the number of the orders you placed と書くべきではないだろうか」という疑問が頭をよぎったとしましょう。

　このような場合には "the number of orders" と "the number of the orders" の 2 つの表現を、それぞれ引用符で囲み、Google でフレーズ検索してその使用頻度を調べます。

　ちなみに 2003 年 5 月 1 日現在で、この 2 つの使用頻度は次の通りでした。この結果から「the number of the orders you placed とは書かないほうがよい」という判断が可能になります。

第3章　メッセージライティングの戦略を学ぶ

> - [ ] the number of orders: 約 1 万 9,600 件
> - [ ] the number of the orders: 約 44 件

　私たちの書く英語が母語や文化を異にする多くの人に理解されるには、その英語が「一般性」を持たなければなりません。そのためには多くの人に使われている英語を使うことが有効です。このインターネットを使った「前例チェック」を、少なくともメッセージひとつにつき一度は行なう習慣を身につけ、より分かりやすいことばを使うようにしましょう。

コラム　Wanted: プロ中のプロの英語の使い手

2000年にアトランタで開催されたアメリカ・ビジネス・コミュニケーション学会でのこと。次から次へと続く研究発表を聞くだけでも大変ですが、せっかく日本から参加しているのです、なんとか発言しようとしました。ところが自分の話す英語が気になって仕方がないのです。

日本での私は、英語を使って会議や研究発表に参加することもしばしばです。しかし私のような「外国語としての英語」の使い手では、国際学会において自発的に発言する時に大変なストレスを感じます。なにぶん相手は、知的な内容を難度の高い語彙を使い早口で話す、英語のプロ中のプロなのです。

高度の専門知識を身につけていれば、英語が少々下手でも相手は耳を傾けてくれる、といっ意見をよく聞きます。しかし現実はそう優しくはありません。専門知識に見合うだけの英語力がなければ、専門知識そのものも疑われるのです。日本の企業や大学などにおいて有数の英語の使い手と目されている人も、この現実の前でもがき苦しんでいます。

ビジネス英語、技術英語、医学英語などの「特定の目的のための英語」をESP（= English for Specific Purposes）と呼びます。

ビジネス英語の例をあげましょう。ある日本人ビジネスマンが商品のプレゼンテーションを行なうために、ニューヨークの取引先へ行った時のこと。複数のヨーロッパ企業からもセールスに来ていたため、1社に与えられた時間は10分だけだったそうです。英語母語話者としか思えないようなヨーロッパ人と競争し、持ち時間を20分、30分と伸ばしてもらえるようなプレゼンができるか——これが勝負の分かれ目です。彼は完敗続きだった自らのESP人生を振り返り、自分と同じような思いを英語学習者にさせてはいけないと、現在、後輩の指導にあたっています。

私たちが海外に飛び立とうとする時、本当の意味で心の救いとなるのは、タクシーやホームパーティでの流暢な会話力ではありません。専門分野における海外のライバルに負けないだけの英語力であり、国際会議参加者から敬意を受けるほどの英語力なのです。21世紀の今、プロ中のプロの英語の使い手になろうではありませんか。

第4章
ビジネスメッセージの書き方を学ぶ

Case Study で学ぶビジネス・ライティング

　この章では、今まで学んできた「ビジネス英語のスタンダード100」と「メッセージライティングの戦略」を、どのように活用してビジネスメッセージを書くべきなのかを、Case Study を通じて例示します。

　用意した10の Case Study は**「状況と課題」**から始まります。私たちが英文メッセージを書く状況では、和文英訳問題のように完成した日本語が与えられることはほとんどありません。むしろこの章で扱う「状況と課題」のように交錯した情報の中から何を書くべきかを選択し、それを英訳するのが現実に近いと考えられます。そこで私たちの仕事は「状況と課題」の中から何を伝達するべきかを考えることから始まります。この作業を行なうのが**「内容の考察」**です。

　具体的には、まずそのケースで最も注意すべき内容を**「注意点」**で押さえます。次に伝達するべき内容を**「パラグラフ構成」**で考察します。英語ではパラグラフは「思考のまとまり」を表わしますから、何を伝達するべきかを考察するにはパラグラフという視点が欠かせないのです。

　パラグラフごとに書くべき内容を決めたあとは、**「メッセージアウトライン」**で、メッセージの原案を日本語で作成します。このアウトライン作りは慣れてくると英語でもできるようになるでしょう。この段階が終了して初めて、ビジネスメッセージを書く下準備である「内容の考察」が終了したことになります。

　私たちに最も関心のある英語そのものの考察は**「表現の考察」**で行ないます。ここでは適切だと思われる表現を示すだけではなく、それにたどり着くプロセスをきめ細かく解剖して考察します。英語を書くという作業は、複数の可能な表現の中から、最善と思える表現を選択するという作業だと言えるでしょう。そのため「表現の考察」では、ある表現をあげ、それに修正を加えていくという手法をできるだけ取り入れました。

　最後の**「作成メッセージ例」**は、以上の「内容の考察」と「表現の考察」の結果をメッセージの形にまとめたものです。ここにあげた英語だけが正しいのではありません。皆さんならどう書くのかを考えながら読んで下さい。

第4章　ビジネスメッセージの書き方を学ぶ

Case Study No. 1
礼　状

===== 状況と課題 =====

《状況》
　当社は電機メーカーです。当社A工場の次長であったあなたは、今年の3月までシンガポールの合弁会社B社の工場長として3年間出向しました。任期を終えたあなたは後任の廣岡肇さんとの引き継ぎを現地で済ませ、4月15日に無事帰国して、本日4月18日から京都のC工場に着任し、新しい職務に就いています。
　在任中、B社のJohn Sparks社長は単身赴任であったあなたを温かくもてなしてくれました。自宅に招待してもらい夕食をごちそうになったこと、Sparks社長との話を楽しんだこと、奥さんのMaryがプロ級の料理の腕前だと分かったことなどは楽しい思い出です。息子のTomと野球をしましたが、力はなかなかのものでした。

《課題》
　Sparks社長にB社在任中にお世話になったことに対する礼状を書いて下さい。

===== 内容の考察 =====

1. 注意点
(1) 英語の礼状では感謝の意思表示は一度で十分です。どうしても礼を二度言いたい時には、二度目の「ありがとう」にagainやonce againなどをつけなければなりません。
(2) 英語でThank you very much for all the kindnesses you have shown me.（いろいろとお世話になって、ありがとうございます）というような一般的な感謝のことばを書くと、あなたがどのように世話になったのか

忘れていると解釈される場合があります。感謝を述べる対象を具体的につけ加えて下さい。

2. パラグラフ構成

　これは「良い知らせ」を伝えるメッセージですから「メッセージ構成 No. 1」の原則に従います (p. 81)。

パラグラフ1——「メッセージを書く理由・きっかけ」

　「3年間お世話になったことに礼を言いたい」と書けばよいでしょう。それに「あなたとあなたの家族に会えなくなって寂しい」と personal tone を加えるのも一法です。

パラグラフ2・3——「メッセージの中心点」

　① 感謝する対象と ② 感謝の意思を表現しなければなりません。礼を言うべき主たる相手は社長ですが、社長の家族とも楽しく時間を過ごしたのですから Mary と Tom のことも書きたいところです。なお、この段階の英文は長くなりますので「感謝する対象」と「感謝の意思」とをパラグラフを分けて書きましょう。

パラグラフ4——「メッセージの結び」

　このような礼状では「お返しをする機会があれば喜んでお世話させて頂きます」と申し出るのがルールです。

3. メッセージアウトライン

　上記の考察を元に、このメッセージの原案を日本語でまとめると次のようになります。

　本日4月18日から京都のC工場に着任し新しい職務に就いていますが、あなたとあなたの家族に会えなくなって寂しい気持ちで一杯です。
　自宅に招待して頂いた時のことを覚えています。その時私は単身赴任をしていましたので、皆さんが私のためにして下さったことがなおさらありがたく感じられました。あなたとの会話は楽しく、Mary が作った料理は本当に美味しいと思いました。Tom は野球が上手でしたね。

このような楽しい思い出はたくさんあり、それらは私の記憶に長く残るでしょう。本当にお世話になり、ありがとうございました。
　返礼の機会があれば喜んでお世話させて頂きます。

表現の考察

1. 「本日4月18日から京都のC工場に着任し新しい職務に就いています」
(1) 本日着任したことを報告するには、現在完了形を使います。現在完了形は、着任してからすぐに礼状を出していることを表現します。
(2) 「新しい職務に就いています」は次のように異なるスピーチレベルを使って表現できます。ただし、このメッセージは personal tone の強い礼状ですから《略式》の英語のほうがよいでしょう。

> □ 《格式》: I have assumed new duties here at C Plant, located in Kyoto.
> □ 《略式》: I have started my new post at C Plant, Kyoto.

2. 「自宅に招待して頂いた時のことを覚えています」
(1) この表現をまず I remember the time you kindly invited me to your house. と表現し、これに手を加えていきましょう。
(2) まず「～を覚えています」は I remember very vividly that ～ のように強調するのがよいでしょう。「良い知らせは強調し、悪い知らせは控えめに示す」のが効果的です。
(3) 相手の親切さを kindly とひと言だけで表現するのではなく、you were kind enough to ～ と多くのことばを使いましょう。どうしても伝えたい大切な思いは多くのことばを使って表現するべきだからです。
(4) 招待された場所は house と表現するよりも home と書いて下さい。house が「建物そのもの」を指すのに対して、home は「家庭生活の中心となる場所」を表わすのが普通です。
　⇒ I remember very vividly the time you were kind enough to invite me to

your home.

3.「その時私は単身赴任をしていましたので、皆さんが私のためにして下さったことがなおさらありがたく感じられました」

(1)「単身赴任」は I was living all by myself. と訳すよりも I was living thousands of miles away from my family. と家族との距離を描写する文章のほうが具体的でよいでしょう。このように「分かりやすい英語」とは読み手が具体的なイメージを頭に浮かべることができる英語のことです。

(2) なお、下の文章の thousands of miles に関してひと言。Sparks 社長が「マイル」ではなく「キロメートル」の単位に慣れているのであれば、thousands of kilometers と書くほうが reader-friendly だと言えます。
⇒ I was living thousands of miles away from my family then, which made me feel all the more grateful for everything you did for me.

4.「あなたとの会話は楽しく、Mary が作った料理は本当に美味しいと思いました。Tom は野球が上手でしたね」

(1) この文を直訳すると、I enjoyed conversation with you very much; Mary was a very good cook; Tom was a very good baseball player. となるでしょう。この英文には 2 つの問題点があります。

(2) ここで取り上げるもの以外にも楽しい思い出があるはずですから、そのことを表現しなければなりません。「多くの例から少数のものだけをあげる」ことを断る時に英語では among other things と言います。

(3) このように似通った発想を英語にするには、構文も似通ったものを使うほうがスッキリとした英語になります。Mary is a very good cook. を基本構文にすると次のように書くことができます。
⇒ I realized, among other things, that you are an entertaining talker, Mary an accomplished cook, and Tom a promising baseball player.

5.「このような楽しい思い出はたくさんあり、それらは私の記憶に長く残る

でしょう。本当にお世話になり、ありがとうございました」
(1) 「思い出に残る特別の機会」を英語では occasion と言いますから、「のような楽しい occasion をあなたとたくさん共有しました」と書けばよいでしょう。
(2) 長い文章を使い感謝の意思を強調する方法もありますが、Thank you. と短く書くのも読み手の印象に残る良い運びです。
⇒ I shared with you many such happy occasions, which I am sure will stay long in my memory. Thank you, John.

6. 「返礼の機会があれば喜んでお世話させて頂きます」

(1) 返礼を表現するのに reciprocate (FORMAL: to share the same feelings as someone else, or to behave in the same way as someone else) [CALD] はなくてはならない動詞です。
(2) 下に示した文は標準的な表現ですが、これを少し《略式》のスピーチレベルで書くと、You must give me a chance to reciprocate the next time you are in Kyoto. と言えます。こちらのほうが相手に親しみを感じている時に使う表現です。
⇒ I look forward to the chance to reciprocate when you come to Kyoto next year.

1. 礼状

―――― **作成メッセージ例** ――――

Dear John,

Now that I have started my new post at C Plant, Kyoto, I realize how much I miss you and your family.

I remember very vividly the time you were kind enough to invite me to your home. I was living thousands of miles away from my family then, which made me feel all the more grateful for everything you did for me. I realized, among other things, that you are an entertaining talker, Mary an accomplished cook, and Tom a promising baseball player.

I shared with you many such happy occasions, which I am sure will stay long in my memory. Thank you, John.

I look forward to the chance to reciprocate when you come to Kyoto next year.

Sincerely yours,

第4章　ビジネスメッセージの書き方を学ぶ

Case Study No.2
引き合い1

=== 状況と課題 ===

《状況》
　当社は大阪の商社で、主にヨーロッパからの食料品を輸入しています。昨年、日本は記録的な猛暑に見舞われ、不況にもかかわらずビールの売り上げが驚異的に伸びました。昔に比べると強くなった円のおかげで安くなった外国製ビールを愛飲する人口も着実に増えています。
　この点に鑑み、当社では今年よりA国製ビールを販売することを考えています。メーカーの一社としてA国のB社を検討中です。現在、日本では色々な国のビールが輸入されていますから、もしB社が、品質・価格などの面で、他国の競争品に負けないものを提供してくれるのであれば、当社としてかなり大量の販売が期待できると考えています。

《課題》
　B社の具体的輸出条件を知るために、ファックスメッセージを書いて下さい。

（商業英語検定試験第45回検定試験問題[B級]改題）

=== 内容の考察 ===

1. 注意点

(1) ビジネス文書では「結果」から先に言い、「結論」や「事情」を後回しにすべきだ、というアドバイスをよく耳にします。そこでこの課題の回答を We would like to import beers from you. などの文章で始めた人もいるでしょう。しかし結論から文書を書き始めるという方針はビジネスレポートなどの情報量の多い文書には有効ですが、ビジネスメッセージでは「唐突な感じ」を与えます。特にこの課題のように相手方に初めて出

す手紙であれば、なおさらです。

(2) ① 当社が今年よりA国製ビールをB社から販売することを考えている点、② 当社としてかなり大量の販売が期待できると予想している点は受信者にとってプラスの情報です。ただしこれらの文章をどの程度「断定的」に表現するべきなのかは慎重に考えなければなりません。たとえば ② については、次のように断定の度合いを変えて訳出することが可能です。置かれた状況でどの程度のコミットが許されるのかを判断して、適切な英文を選ぶことが求められます。

《主観的な「確信」として表現する場合》

- □ 〈強〉: We believe [are certain] that we will be able to sell your products in large numbers.
- □ 〈弱〉: We feel certain [are almost certain] that we will be able to sell your products in large numbers.

《客観的な「可能性」として表現する場合》

- □ 〈強〉: We will be able to sell your products in large numbers.
- □ 〈中〉: We will probably be able to sell your products in large numbers.
- □ 〈弱〉: We may [might] be able to sell your products in large numbers.

《「約束」として表現する場合》

- □ 〈強〉: You may be sure that we will sell your products in large numbers.
- □ 〈弱〉: We will sell your products in large numbers.

第4章　ビジネスメッセージの書き方を学ぶ

2. パラグラフ構成

これは「中立の知らせ」を伝えるメッセージですから「メッセージ構成No.1」の原則に従います。

パラグラフ1――「メッセージを書く理由・きっかけ」

本来の理由は「当社では今年より貴国製ビールを販売することを考えています」ですが、先に見たように、これでメッセージを始めると唐突な感じがします。そこでこの理由の背景である「昨年、日本は記録的な猛暑に見舞われ～外国製ビールを飲むようになりました」を書くことにしましょう。

パラグラフ2――「メッセージの中心点」

「状況」の第2パラグラフがそのまま中心点に該当します。当社の自己紹介もできればここにさりげなく入れておきましょう。

パラグラフ3――「メッセージの結び」

B社の具体的輸出条件を教えてほしいと書けばよいでしょう。なお、返事の期限を示さないことは、いつ返事が来てもよいと言っていることと同じです。このケースの場合もせめて「早急に」ということばを補って下さい。

3. メッセージアウトライン

上記の考察を元にこのメッセージの原案を日本語でまとめると次のようになります。

昨年、日本は記録的な猛暑に見舞われ、ビールの売り上げが驚異的に伸びました。円高のおかげで安くなった外国製ビールを愛飲する人口も着実に増えています。

この点に鑑み、主にヨーロッパからの食料品を輸入している大阪の商社である当社ABCでは、今年より貴国製ビールを販売することを検討しています。現在、日本は色々な国のビールを輸入していますから、もし貴社が品質・価格などの面で他国の競争品に負けないものを提供すれば、当社としてかなり大量の販売が期待できると考えています。

貴社の具体的な輸出条件をできるだけ早くお知らせ頂ければ幸いです。

2. 引き合い1

=== **表現の考察** ===

1. 「昨年、日本は記録的な猛暑に見舞われ、ビールの売り上げが驚異的に伸びました」
(1) この文は「因果関係」を示しています。ビジネスメッセージでは、「原因→結果」の順序でこの情報を示すのがよいでしょう。

> As you may know, record heat waves hit Japan last year, greatly boosting the sales of beer in this market.

なお、as you may know という表現は、record heat waves から文章を始めると感じられる「唐突感」を少なくするために使いました。日本の猛暑のことを受信者が知らない場合に備えて、as you know よりも as you may know という表現を使うほうが無難です。

(2) 私たちの英文作成上のモットーである「前例主義を守るべし」(戦略 No. 12) を心がけていると普段の読書の時でも英文作成に使えるような文章に出会うとそれを見逃さなくなります。たとえば「猛暑」の英訳は下の文章を活用して、This country was sweltering in record-breaking heat waves .... と書けることに気づくようになります。

> It was autumn already, but Boston was sweltering in the sixth day of a late-September heat wave.　(T. Gerritsen, *Harvest*)

⇒ As you may know, record-breaking heat waves hit this country last year, boosting the sales of beer to an unprecedented extent.

2. 「円高のおかげで安くなった外国製ビールを愛飲する人口も着実に増えています」
(1) この文に含まれているメッセージは、下図の通り、〈主〉と〈従〉とに分かれます。

> □〈主〉: 外国製ビールを飲む人が着実に増加していること
> □〈従〉: 外国製ビールの値段は円高で安くなったこと

第4章　ビジネスメッセージの書き方を学ぶ

　　　このような情報の軽重を明示することによって reader-friendly な英文を作ることができます。
(2) この〈従〉のメッセージは関係詞で始まる文章で示すとよいでしょう。
⇒ You will be pleased to know that an increasing number of Japanese are enjoying foreign beers, whose prices have come down because of the appreciation of the yen.

3. 「この点に鑑み、主にヨーロッパからの食料品を輸入している大阪の商社である当社 ABC では、今年より貴国製ビールを販売することを検討しています」
(1) 「この点に鑑み」を直訳して Considering this point とするのは望ましくありません。「この点の割には」の意味だと解釈されることがあるからです。日本語を英語に間違いなく移し替えるためには「単語」の意味を訳そうとするよりも「ことばのまとまり」の意味・機能を訳そうと心がけるのがよいでしょう。たとえば「この点に鑑み」という語句の機能は「それまでの文章を原因として捉え直し、これに結果を結びつける」と表現できるでしょう。英語で同じ機能を持つことばには次のようなものがありますから、この中から適当だと思うことばを選ぶのです。

> therefore; thus; consequently; accordingly; for this reason; in these circumstances

(2) 「主にヨーロッパからの食料品を輸入している大阪の商社」「当社 ABC」には補足的な情報を提供しています。そこで「同格」と「関係詞」という〈従〉情報の表現道具を使って訳出します。

> we at ABC, an Osaka-based trading company who mainly deal in European food stuffs, 〜

(3) 「今年より貴国製ビールを販売することを検討しています」では、どの程度断定的に販売予定を書くのかが問題です。相手方の取引条件を知らない現状では、将来の取引見込みについて断定的なことを書くのは危険で

す。とは言え消極的な文章を書き連ねるだけでは、ビジネスへのやる気が薄いと思われるかもしれません。そこで次の方針を取ります。

> ☐ 「輸入することを考えています」については安全率を見込んで「約束」の語感を与えることは避け、「興味」として表現します。
> ☐ 「貴国製ビール」については相手とのビジネス成立を真剣に考えていることを伝えるために「貴社製ビール」(= your beers) と言い換えます。

⇒ In these circumstances, we at ABC, an Osaka-based trading company who deals in European food stuffs, are very interested in marketing your beers from this year onward.

4. 「現在、日本は色々な国のビールを輸入していますから、もし貴社が品質・価格などの面で他国の競争品に負けないものを提供すれば、当社としてかなり大量の販売が期待できると考えています」

(1) 「現在日本では〜を輸入している」を Now Japan is importing 〜 と訳して終わり、というのでは困ります。この文章から Now を取り去ることができることを感じてとって下さい。「現在」のような日本語の副詞は英語では時制(→現在進行形)に含めることができる場合があります。次の、現在完了形と一緒に使われる recently も省略可能です。

> Some Japanese people have (recently) acquired the habit of drinking foreign beers.

(2) 「もし貴社が、品質・価格などの面で他国の競争品に負けないものを提供すれば」では、If your products are competitive in quality and price と書く人を見かけます。competitive は通例、価格が安いことを表わします。従って、ここでは次のように superb などの形容詞を別に立てて訳さなければなりません。

> If your products are competitive in price and superb in quality,

この文例のように「形容詞 in 名詞」を重ねて使うことにより、商品が価格面・品質面の両方で優れているべきだという条件を言語的にも主張できるのです。なお、下の訳例では品質についてさらにことばを費やし、強調した例を見て頂きます。

(3)「当社としてかなり大量の販売が期待できると考えています」は、バブルの時代なら、We are certain that we will be able to market your beers in considerable numbers here in Japan. と「確信」の表現を使って書くこともできたでしょうが、不況の今では「可能性〈低〉」を使うのが無難でしょう。

⇒ Foreign beers are being imported to Japan from various countries. We may be able to sell your beers in considerable numbers, therefore, if your products are competitively-priced and pleasing to the palate of Japanese beer drinkers.

5.「貴社の具体的な輸出条件をできるだけ早くお知らせ頂ければ幸いです」

(1) 情報を求める定石表現である、Please let us have [know] your 〜. を使います。このメッセージはルーティーン性が強いので、凝った文章を使う必要はありません。

(2)「具体的な」を訳出する必要は特にはありません。「輸出条件を教えてほしい」と書くと具体的な条件を求めていることは自明だからです。英語では書いても書かなくてもよい情報は省略するべきです。

(3)「できるだけ早く」は as soon [early] as possible で構いませんが、このことばが soon よりも強い意味を持つと機械的に考えるのは困りものです。受信者によっては soon や as soon as possible のような「手垢にまみれたことば」を十把一絡げにし、読み流す場合があるからです。

⇒ Please let us have your export terms and conditions as soon as possible.

2. 引き合い 1

=== 作成メッセージ例 ===

Ladies and Gentlemen,

As you may know, record-breaking heat waves hit this country last year, boosting the sales of beer to an unprecedented extent. You will be pleased to know that an increasing number of Japanese people are beginning to enjoy foreign beers, whose prices have come down because of the appreciation of the yen.

In these circumstances, we at ABC, an Osaka-based trading company who deals in European food stuffs, are very interested in marketing your beers from this year onward. Foreign beers are being imported to Japan from various countries. (1)We may be able to sell your beers in considerable numbers, therefore, if your products are competitively-priced and pleasing to the palate of Japanese beer drinkers.

Please let us have your export terms and conditions as soon as possible.

Sincerely yours,

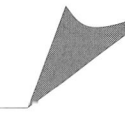

（注）
(1) この文章を If your products ～ で始めると《格式》の文章になり、ビジネスメッセージにふさわしい口調の文章になります。一方、受信者の心理を考えると、この文のように if ～ を後置して「良い知らせ＋if＋依頼事項」の順序で情報を提示するほうが受け入れやすいでしょう。一般的に、受信者に対して要求度の強い依頼をする場合には、文章の心理的効果を優先して if ～ を後回しにするほうがよいでしょう。

第4章　ビジネスメッセージの書き方を学ぶ

Case Study No. 3
引き合い2

=== 状況と課題 ===

《状況》

　当社は、50年以上にわたり寝具、タオル、木製品、金物などのギフト用品を直接製造し、卸しています。そのため、他の卸売店より2割程安く提供できる強みを持っています。主な輸出先はヨーロッパで、製品は全て厳重な検査を経て出荷しており、今までにトラブルらしいトラブルは経験していません。

　当社は輸出業務拡大のために長年A国への進出の機会を狙っていました。たまたま輸出部長が同業者に酒の席でその話をすると、A国でギフト用品の卸や通信販売をしているB社がいいのではとアドバイスを受けました。「ダメモト」でB社の信用調査をすると、幸いその結果も良く、A国通商事務所からの反応も好ましいものでした。

　当社は商品については絶対的とも言える自信を持っています。商品はいずれも斬新なデザインで、廉価であり、B社の事業の拡大に役立つものと確信しています。品物によっては見本の提供もできます。

《課題》

　カタログをB社に送り注文を求めるファックスを書いて下さい。なおその際に、東京都千代田区丸の内1–1–1 平安銀行、丸の内支店を当社の信用紹介先として提示して下さい。

（商業英語検定試験第48回検定試験問題［B級］改題）

3. 引き合い2

―― **内容の考察** ――

1. 注意点

(1) 発信者の企業は順調なビジネスを行なっていますから、売り込み情報には事欠かないでしょう。ただしその内容を「厳重な検査」や「絶対的な自信」などの主観的なことばだけで表現することはあまり効果がありません。そのようなことばは受信者によって意味解釈が異なり、さほど説得力を持たない場合があるからです。

(2) このケースのように、商品やサービス内容の良さを示す数字がある場合には、それをできるだけ盛り込むことによって説得力のあるメッセージを作成できます。この点で、① 今までに50年以上にわたってビジネスを続けていること、② 他の卸売店よりも2割程安く商品を提供できることは効果的な説得材料です。前者について、ビジネスが長続きするのはその企業が信頼されているからだと見なす考え方は、英語にもしばしば見られるものです。

2. パラグラフ構成

これは「中立の知らせ」を伝えるメッセージですから「メッセージ構成No. 1」の原則に従います。

パラグラフ1――「メッセージを書く理由・きっかけ」

本当の理由は「同業者から貴社のことを教えてもらった」ということでしょうが、酒の席で出た話ですから、それをビジネスメッセージに書くことははばかられます。そこで情報源を明かさないで「B社がギフト用品の卸や通信販売をしていることを知った」と書けばよいでしょう。

パラグラフ2――「メッセージの中心点1」

当社の紹介を行ないます。受信者は、同封カタログから当社に関する詳しい内容を知ることができますから、メッセージでは特に強調したいことを書けば十分です。当社の「売り」は ① 価格の手ごろさ、② 品質の良さ、ですからこの2点を書くことにしましょう。このパラグラフでは ① を書きます。

パラグラフ3——「メッセージの中心点2」

②の品質の良さをここで訴えましょう。これを裏付けする数字こそありませんが「今までにトラブルらしいトラブルは経験していません」という事実を証拠として使いましょう。

パラグラフ4——「**事情の説明**」

当社の信用紹介先を書きます。このような積極的なビジネス態度が相手方からのより早い注文につながることがあります。

パラグラフ5——「**メッセージの結び**」

注文を求めます。「注文」ということばを使う直接的な書き方と、間接的に注文を求める書き方が可能です。状況に合わせて使い分けます。

3. メッセージアウトライン

先述の考察を元にこのメッセージの原案を日本語でまとめると次のようになります。

> 本日、貴社がアメリカでギフト用品の卸や通信販売をしていることを知りました。
>
> 当社は50年以上にわたり寝具、タオル、木製品、金物などのギフト用品を直接製造し、卸しておりますので、他の卸売店よりも2割程安く提供できます。取引の諸条件については同封のカタログをご参照下さい。品物によっては見本の提供もできます。
>
> 当社はヨーロッパ各地にギフト用品を大量に輸出しています。製品は全て厳重な検査を経て出荷されますので、今までなんのトラブルも生じておりません。いずれも斬新なデザインで廉価ですので、貴社の事業の拡大に役立つものと確信しています。
>
> 当社の信用状態については東京都千代田区丸の内1–1–1平安銀行、丸の内支店にご照会下さい。
>
> ご注文をお待ちしております。

3. 引き合い2

=== 表現の考察 ===

1. 「**本日、貴社がアメリカでギフト用品の卸や通信販売をしていることを知りました**」
(1) 「〜を知る」の英語には know と learn がありますが、前者は「知っている」という「状態」を表わし、後者は「知る」という「動作」を表わします。従って、ここでは We have learned としなければなりません。ちなみに We have known that 〜 と書くと「当社は〜をずっと知っている」の意味です。
(2) 「〜の卸や通信販売をしている」の英訳は苦労するところです。「卸販売」(wholesale) と「通信販売」(mail-order) の両方に結びついて「〜する」という意味を持つ動詞にはどのようなものがあるのでしょう。make でしょうか？ conduct か do でしょうか？
(3) 実はこの質問に答えるには非常に高い英語力が必要なのです。このような場合には「メッセージライティングの戦略」を思い出して下さい。「動詞を中心に英語を書くべし」(戦略 No. 9) を使い、「卸と通信販売という方法によって、販売する」と考えるのです。『新英和中辞典』(研究社)を見ると、

> □ 通信販売で売る： sell《goods》by mail
> □ 卸売りで： at [《英》by] wholesale

とあります。そこで sell 〜 by wholesale and mail と表現できることが分かります。

(4) 「〜の卸や通信販売をしている」を、現在進行形を使い you are selling gift goods by wholesale and mail と書く人が非常に多いのですが、これには「そのような商売をするのは今だけだ」という意味が含まれます。この課題で必要とされている「過去も、現在も、そして未来も〜だ」という内容は「現在形」で表現します。

⇒ We have learned that you sell gift goods by wholesale and mail in the U.S.

第4章　ビジネスメッセージの書き方を学ぶ

2. 「当社は 50 年以上にわたり寝具、タオル、木製品、金物などのギフト用品を直接製造し、卸しておりますので、他の卸売店よりも 2 割程安く提供できます」

（1）この文章の主たるメッセージは「他の卸売店よりも 2 割程安く提供できます」というところです。私たちの英文でもこの情報を浮き彫りにすることが理想的です。反対に「当社は〜を直接製造し、卸しておりますので」という文章の重要性は相対的に低いので、従属接続詞の as を使って書くのがよいでしょう。

（2）「他の卸売店よりも 2 割程安く提供できます」を、discount を使って表現すると意外と書きにくいものです。discount ということばは通常 We will give [allow, grant] a discount of 〜% off [from] the list prices [prices listed]. という形で使われ、「定価から〜% を値引いた価格で売る」という意味を表わします。「他社と比較して 2 割安い価格」と表現する場合には、prices lower than our competitors' by 20% のように比較級を使って表現しましょう。

　なお、下記の訳語で we are pleased to tell you that を加えたのは「良い知らせ」を書くことを明示し、コミュニケーションをより効果的にするためです。また about 20% 〜 をダッシュの後に置いたのは、「売り」となる数字を強調するためです。

⇒ We have been manufacturing and wholesaling gift articles, such as bedding, towels, wooden and hardware items, for more than fifty years, and are pleased to tell you that we can offer you especially competitive prices — lower by about 20% than those of our competitors.

3. 「取引の諸条件については同封のカタログをご参照下さい。品物によっては見本の提供もできます」

（1）「〜の詳細については、…をご覧下さい」は次の頻出表現を使って訳出します。

> For [As for] details of 〜, please see . . . .

(2)「品物によって」は depending on the item と書くこともできますが、次のように、limited [some] items を使って書くほうが自信を持って英文を書くことにつながります。なお upon [on] request は「依頼があれば」の意味を持ちます。upon は on よりも文語的ですが、文末で使うと文に落ち着きが感じられます。
⇒ For details of the terms and conditions of our business, please see the catalog enclosed. Samples of limited items are available upon request.

4. 「当社はヨーロッパ各地にギフト用品を大量に輸出しています。製品は全て厳重な検査を経て出荷されますので、今までなんのトラブルも生じておりません」
(1) 2つの文章が並列されているために、どちらの文章が主たるメッセージなのか分かりにくい構造を持つ文章です。このような日本語を英訳する際には、書き手が事前に情報処理を施すべきです。「当社は〜輸出しています」は単なる当社ビジネスの説明ですからそれを「従情報」とし、「製品は〜生じておりません」は当社の「売り」として「主情報」として処理しましょう。
(2) 「ヨーロッパ各地に」に当てはめた to various parts of Europe は意外と使いにくい表現です。various の代わりに all や every を使う人が多いのですが、表現の正確さを考えると various が勝ります。
(3) 「製品は全て厳重な検査を経て出荷されますので」では、情報を時間軸に沿って並べて英訳して下さい。つまり We ship our products after a severe test と書くのではなく、「品質テストの実施 → 船積」の順序に従い、

> Only after we give a severe test to our products do we ship them to our customers.

と書くのです。
(4) 「今まで何のトラブルも生じておりません」は当社の品質管理のすばらしさを説明している文章です。これを there have never been any troubles

with our customers と訳すと、「品質の良さ」を語る時に「当社」がおもてに出てこない、という欠点があります。せめて、

> We have never experienced any troubles with our customers over the quality of our products.

と書くか、いっそのこと次の文のように前向きに書くべきでしょう。
⇒ We are also pleased to inform you that as an exporter of gift items to various parts of Europe, we examine our goods with special care before shipping them, and that our customers have been highly satisfied with their quality.

5. 「いずれも斬新なデザインで廉価ですので、貴社の事業の拡大に役立つものと確信しています」
(1) 「商品はデザインがユニークだ」のように2つの主語があるように見える日本文の英訳には、「〜の点で」という意味の前置詞 in が活躍します。なお、下記の英文では unique in design and reasonable in price と「形容詞＋in＋名詞」の並列構造を使いましたが、使える語彙数がさらに増えれば、同じく並列構造を使い、uniquely-designed and reasonably-priced のように訳すこともできます。

⇒ All of our items are unique in design and reasonable in price, which we are certain will help you to expand your business.

6. 「当社の信用状態については東京都千代田区丸の内1-1-1 平安銀行、丸の内支店にご照会下さい」
(1) 「前例主義を守るべし」（戦略 No. 12）を実践し、第2章「ビジネス英語スタンダード100」の次の文章を応用しましょう。

3. 引き合い2

> □ 当社の信用状態については、渋谷の ABC 銀行にお問い合わせ下さい。
> □ For any information as to our credit standing, please refer to the ABC Bank, Ltd., Shibuya.

⇒ As to our credit standing and reputation, please refer to The Bank of Heian, Ltd., Marunouchi Branch, 1-1 Marunouchi 1-chome, Chiyoda-ku, Tokyo.

7. 「ご注文をお待ちしております」

(1) 初取引の相手にどの程度強く注文を求めるのかはケースバイケースで判断しましょう。「注文」とハッキリ書くのが得策であると考えられるのであれば、次のように書くことができます。なお、instructions は「指示」の意味ですが、ここでは実質上「注文」の意味で使われています。

> □ We look forward to receiving your order soon.
> □ May we expect to have your instructions soon?

(2) 下記は「注文」を表に出さない運びの一例です。なお、*BM Corpus* によれば We look forward to ~ (92%)、We are looking forward to ~ (8%) の頻度で用いられています。後者の現在進行形を使う表現は原則として主観的な感情のこもったニュアンスを表わすために、ビジネス文書にはふさわしくないと思われるのでしょう。また後者の構文上の「ing の繰り返し」も気になるところです。

⇒ We look forward to hearing from you soon.

第4章　ビジネスメッセージの書き方を学ぶ

作成メッセージ例

Ladies and Gentlemen:

We have learned that you sell gift items by wholesale and mail in the U.S.

We have been manufacturing and wholesaling gift items, such as bedding, towels, wooden and hardware items, for the past fifty years, and are pleased to inform you that we can offer you especially competitive prices — lower by about 20% than those of our competitors. For details of the terms and conditions of our business, please see the catalog enclosed. Samples of limited items are available upon request. We are also pleased to inform you that as an exporter of gift items to various parts of Europe, we examine our goods with special care before shipping them, and that our customers have been highly satisfied with their quality. All of our items are unique in design and reasonable in price, which we are certain will help you to expand your business.

As to our credit standing and reputation, please refer to The Bank of Heian, Ltd., Marunouchi Branch, 1-1 Marunouchi 1-chome, Chiyoda-ku, Tokyo.

We look forward to receiving your order soon.

Sincerely yours,

Case Study No. 4
申込み 1

=== 状況と課題 ===

《状況》
　当社はカメラメーカーです。新製品であるデジタルカメラ CR17 の販売を最近始めました。CR17 はデザインの優れたコンパクトカメラ（point-and-shoot camera）で、高品質デジタル写真とビデオ画像を撮ることができます。品質とバンドルソフト（bundled software）を考えると、この価格帯で十分勝負できると考えられます。

　そこで以前から取引のある企業へ商品カタログを送り、オファーを提示することになりました。注意点は、① カタログの価格は全て FOB 横浜港建てであること、② 買い主の希望があれば CIF 建ての価格も提示できること、③ 宣伝期間内なので、5 月末までに注文をもらえば、信用状開設後 1 ヵ月以内の船積が可能であること、④ 最大販売数量は 500 台であること、です。

《課題》
　アメリカの得意先である A 社の担当者（Ms. Anne Slater）にオファーを提示し、この特別のオファーを受諾して注文するように求めるファックスを送って下さい。

=== 内容の考察 ===

1. 注意点
(1) これは「ルーティーン」色の強いオファーを書く課題です。従って「メッセージライティングの戦略」に従い、定石通りのメッセージを書くのがよいでしょう。
(2) メッセージの受信者は当社の得意客ですから、これまでの取引関係の中

でかなりの情報を発信者と共有しているはずです。受信者がすでに知っている内容は省略し、コンパクトなメッセージを書くように心がけましょう。たとえば「状況と課題」の中の「当社はカメラメーカーです」という内容は省略しましょう。

2. パラグラフ構成

これは「中立の知らせ」を伝えるメッセージですから「メッセージ構成 No. 1」の原則に従います。

パラグラフ1──「メッセージを書く理由・きっかけ」

「新製品であるデジタルカメラ CR17 の販売を最近始めたところ」だと書けばよいでしょう。

パラグラフ2──「メッセージの中心点1」

オファーの意思と条件を明記することが必要です。CR17 は新製品ですから、読み手は貿易条件などの詳細よりも、商品の性能を真っ先に知りたいと思うはずです。詳しい商品説明については同封カタログを参照するように受信者に求めますが、メッセージ内でも簡単な商品説明を行ないます。

パラグラフ3──「メッセージの中心点2」

商品説明の後はオファーの注意点である①〜④を書きます。ただし情報が多いので、コンパクトな表現を心がけましょう。

パラグラフ4──「メッセージの結び」

これはオファーですから「注文」を求める結びを書くことになります。ただし、このオファーが特別であることを強調することも重要です。

3. メッセージアウトライン

上記の考察を元にこのメッセージの原案を日本語でまとめると次のようになります。

同封カタログからお分かりのように、新製品であるデジタルカメラ CR17 の販売を最近始めました。

CR17 はデザインの優れたコンパクトカメラで、高品質のデジタル写真

とビデオ画像を撮影することができます。品質とバンドルされているソフトを考えると、この価格帯で十分勝負できると考えられます。

　カタログの価格は全て FOB 横浜港建てですが、買主の希望があれば、CIF 建ての価格も提示できます。宣伝期間内なので、5 月末までに注文をもらえば信用状開設後 1 ヵ月以内の船積が可能です。ただし、最大販売数量は 500 台です。

　この特別のオファーを受諾して注文するようにお勧めします。

=== 表現の考察 ===

1. 「同封カタログからお分かりのように、新製品であるデジタルカメラ CR17 の販売を最近始めました」

(1) 「同封カタログからお分かりのように」には次の定型表現があります。

> As you can [will] see from [in] the enclosed catalog,

(2) 「最近〜したところだ」の意味を表わすには現在完了形を使います。この用法は文法的には「完了」（ちょうど〜したところだ）だと説明されるものですが、ビジネス英語では書き手の「迅速な仕事ぶり」を示す用法として多用されます。この現在完了形の代わりに過去形を使って表現すると「販売を開始してからかなりの時間が経過している」というイメージを伝えてしまいます。

⇒ As you will see from the enclosed catalog, we have put our new Digital Camera CR 17 on the market.

2. 「CR17 はデザインの優れたコンパクトカメラで、高品質のデジタル写真とビデオ画像を撮影することができます」

(1) CR17 の特徴である「デザイン」と「撮影能力」のどちらが重要な特徴と考えるのかによって、次のように選ぶべき表現が異なります。

> ☐ 「デザイン」と「撮影能力」を同じくらい重要だとみなす場合
> 　※「デザイン」と「撮影能力」とを and で結ぶ。
> The CR17 is an attractively-designed point-and-shoot camera and combines quality digital photography with video capabilities.
> ☐ 「デザイン」がより重要だとみなす場合
> 　※「撮影能力」を関係代名詞節で表現する。
> The CR17, which combines quality digital photography with video capabilities, is an attractively-designed point-and-shoot camera.
> ☐ 「撮影能力」がより重要だとみなす場合
> 　※「デザイン」を同格で表現する。
> The CR17, an attractively-designed point-and-shoot camera, combines quality digital photography with video capabilities.

⇒ The CR17, an attractively-designed point-and-shoot camera, combines quality digital photography with video capabilities.

3. 「品質とバンドルされているソフトを考えると、この価格帯で十分勝負できると考えられます」

(1) この文章は「因果関係」を示しています。読みやすい文章を書くコツは「原因は主部で、結論は述部」で表現することです。この方針を使うと、次のような文章ができあがります。

> ☐ Its quality and bundled software make the camera very competitive in the same price range.
> ☐ Its quality and bundled software set it apart from the competitors' products in the same price range.

(2) この文章は「〜と考えられます」というように「主観」を表現しています。英語は日本語よりも主観か客観かを厳密に区分することばだと言えるでしょう。ここでも次のような主観を表わすマーカーをつけて表現し

ましょう。

弱い主観的意見	We feel [think] that 〜
強い主観的意見	We believe [trust, are convinced, are sure, are certain] that 〜

⇒ We believe that its quality and bundled software set it apart from the competitors' products in the same price range.

4. 「カタログの価格は全て FOB 横浜港建てですが、買主の希望があれば、CIF 建ての価格も提示できます」
(1) この2つの貿易条件は両方とも建て値に関するものですから、1文にまとめて書くほうが分かりやすいでしょう。なお、「カタログの価格」を "the price of the catalog" と書くと「カタログそのものの価格」の意味となります。「カタログの中で示されている価格」(the prices quoted [given, indicated] in the catalog) と書かなければなりません。
(2) 「お望みならば」は if you wish や if you so desire と訳されます。ただし、後者の表現については、desire という単語の音やその「欲望」という意味から、それを嫌う人もいます。

⇒ The prices quoted in the catalog are all FOB Yokohama; however, we can quote CIF your port if you wish.

5. 「宣伝期間内なので、5月末までに注文をもらえば、信用状開設後1ヵ月以内の船積が可能です。ただし、最大販売数量は 500 台です」
(1) 内容をできるだけコンパクトに示すという方針を生かし、この2点を1文で表現する方法を考えましょう。まず上記の第1文は次の構造を持ちます。

> ☐ 「宣伝期間内なので」
>   ※ 理由を示す「従属節」
>   since we are in the campaign period now
> ☐ 「5月末までに注文をもらえば」

> ※ 条件を示す「従属節」
> if we receive your order by the end of May
> □「信用状開設後1ヵ月以内の船積が可能です」
> ※ 主要なメッセージを表わす「主節」
> we will be able to effect shipment within one month after receipt of an LC

(2) このように1つの文章の中で「従属節」が2つある場合には、従属節を主節の前と後ろに配置するとよいでしょう。そこで、

> Since we are in the campaign period now, we will be able to effect shipment within one month after receipt of an LC, if we receive your order by the end of May.

(3) 上記の文章に「最大販売数量は500台である」を結びつけるには「500台までを船積できる」と考えます。ship up to 500 units や ship a maximum of 500 units と表現するのです。
　⇒ Since we are in the campaign period now, we will be able to ship up to 500 units within one month after receipt of an LC, if we receive your order by the end of May.

6.「この特別のオファーを受諾して注文するようにお勧めします」

(1) 単に We would suggest that you accept this special offer and let us have your prompt order. などと書くよりも、このオファーを take advantage of 〜しませんかと勧めることにより、このオファーの「特別感」を表現できます。

(2) 書類の引き渡しを求める響きのある let us have 〜という表現を使うのではなく、we look forward to receiving your order soon と書き、明るいトーンでメッセージを締めくくりましょう。
　⇒ We would strongly suggest that you take advantage of this special offer and look forward to receiving your order promptly.

4. 申込み 1

=== 作成メッセージ例 ===

Dear Ms. Slater,

As you will see from the enclosed catalog, we have put our new Digital Camera CR17 on the market.

The CR17, an attractively-designed point-and-shoot camera, combines quality digital photography with video capabilities. We believe that its quality and bundled software set it apart from the competitors' products in the same prices range.

The prices quoted in the catalog are all FOB Yokohama; (1)however, we can quote CIF your port if you wish. Since we are in the campaign period now, we will be able to ship up to 500 units within one month after receipt of an LC, if we receive your order by the end of May.

We would strongly suggest that you take advantage of this special offer and look forward to receiving your order (2)promptly.

Sincerely yours,

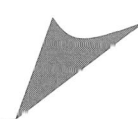

(注)
(1) however と同じ句読点をとることばに therefore があります。
(2) 具体的には by the end of May のことを指します。

第4章　ビジネスメッセージの書き方を学ぶ

Case Study No. 5
申込み 2

―――― 状況と課題 ――――

《状況》

　当社は電機メーカーです。東欧A国の地方都市に住むテレビのユーザーから当社宛てにレターが届きました。「自宅で火事が発生し、使用していた貴社製テレビのキャビネットが溶けてしまった。映ることはあるまいと恐る恐るスイッチを入れたところ、なんと映るではないか。貴社のテレビの品質は本当に素晴らしい」という内容のレターです。レターには自宅とテレビの様子が分かる写真まで同封されており、彼は、その写真を宣伝に使ってはどうかとも言っています。

　彼はテレビをこのまま使うつもりらしいのですが、キャビネットのないテレビは感電事故を起こす可能性があり、また熱の影響による部品の劣化のために発煙の恐れもあります。安全面を考えれば、このユーザーには新品のテレビを購入してもらう必要があります。しかし経済的に決して裕福ではないA国に住むこのユーザーにとってテレビの買い換えは容易なことではないと想像されます。

　上記の状況を考慮しながら、好意から当社に連絡を取ってきたこのユーザーに、あなたはなんらかの対応策を考えてあげたいと思っています。

《課題》

　このユーザーに対して、当社のテレビを特別割引してオファーするレターを書いて下さい。なおA国の首都には当社の駐在事務所があります。

―――― 内容の考察 ――――

1. 注意点

(1) このユーザーは善意で当社にコンタクトしてきたのですから、その好意

5. 申込み2

に対して丁寧に礼を言う必要があります。同時に安全面を考え、彼には火事にあったテレビを使わないように依頼しなければなりません。その際にも丁重さの原則を守ることが大事です。
(2) あなたの気持ちを具体的に表わすには、このユーザーにどのようなサービスを提供できるのかを考え、それに基づき、A国の当社駐在員にしかるべきアクションを取るように指示することが必要です。当社の誠意を効果的に示すには、このアクションをできるだけ具体的なものにすることが肝要です。

2. パラグラフ構成

これは「良い知らせ」を伝えるメッセージですから「メッセージ構成No.1」の原則に従います。

パラグラフ1──「メッセージを書く理由・きっかけ」

定石通りに来状に対して礼を述べることが第1パラグラフの仕事です。ただ、礼状でもあるこのレターでは、通常よりも丁寧な運びを心がけましょう。

パラグラフ2──「メッセージの中心点1」

火事にあったテレビを使い続けないで下さい、と書きます。相手に依頼事項を書く時には理由をあげるのがルールです。そこで、① キャビネットなしでテレビを使うと感電するかもしれないこと、② テレビが発煙するかもしれないこと、を伝えます。

パラグラフ3──「メッセージの中心点2」

特別価格を掲載した当社テレビのカタログをこのユーザーに送付するように、A国の駐在員に指示したことを伝えます。その上で新しいテレビを値引き価格で購入することを勧めるとよいでしょう。

パラグラフ4──「メッセージの結び」

英語のメッセージで礼を言うことは原則として一度で十分なのですが、本ケースのような場合では、二度、礼を言うことにします。

3. メッセージアウトライン

上記の考察を元にこのメッセージの原案を日本語でまとめると次のように

第4章 ビジネスメッセージの書き方を学ぶ

なります。

> 　当社のテレビに関する4月11日付貴状のお褒めのことばに対して感謝申し上げます。また同封された写真を拝見し、喜んでいます。写真は当社商品の品質の高さを物語っていると言えるでしょう。
> 　しかし、安全性を考慮して、そのテレビを将来お使いになることはお止め下さるようにお願いします。キャビネットのないテレビは感電することが考えられます。また、テレビ部品が火事で損傷したために発煙を起こすかもしれないからです。
> 　当社テレビのカタログとその改訂価格表をあなたにお届けするようにと、A市の当社駐在員であるXに指示致しました。どうぞ価格表をゆっくりとご覧頂き、新しいテレビの購入をご検討下さい。
> 　お手紙に対して重ね重ねお礼申し上げます。

=== 表現の考察 ===

1.「当社のテレビに関する4月11日付貴状のお褒めのことばに対して感謝申し上げます」

(1)「お褒めのことば」や「感謝申し上げます」で表現されている感謝の気持ちを表わすためには、① 文章を長くする、② 難しい単語を使う、という方法があります。どちらかと言えば ① の手法のほうが、感謝の意思表示を強める際に役立ちます。

> □ 普通の感謝 (18語): Thank you for the kind comments you made on our TV sets in your letter of April 11.
> □ 丁寧な感謝 (22語): Thank you for the kindness with which you paid us your compliments on our TV set in your letter of April 11.

⇒ Thank you for the kindness with which you paid us your compliments on our TV set in your letter of April 11.

2. 「また同封された写真を拝見し、喜んでいます。写真は当社商品の品質の高さを物語っていると言えるでしょう」

(1) この2文は両方とも同封写真に関するものですから、1文にまとめるほうが「話題の統一感」を読み手に感じさせられるでしょう。

(2) 「~を拝見し、喜んでいます」という感情表現は「過去形」を使って書くよりも「現在形」を使うほうが強く表現できます。実際に喜んだのは過去のことですが、現在形を使うことによって「過去の喜びがあまりに強いので現在もまだ喜んでいる」と伝えるのです。そこで We are very pleased [glad, happy] to see the enclosed pictures と書き始めます。

(3) 2文の日本語を1文の英語にまとめるために、上記の the enclosed pictures を関係代名詞の which で受け、「それが当社商品の品質の高さを物語っている」と続けます。読みやすさの観点から最も優れている「関係代名詞の主格用法」を使い、「最小情報単位」である「何がどうする」を早く提示するように試みましょう。

(4) そこで、which prove the (high) quality of the product. と書き進めることになりますが、商品の良さなどを自画自賛するような場合には、それを「主観」として示すのがよいでしょう。下記の we believe に注意して下さい。

⇒ We are very pleased to see the enclosed pictures, which we believe prove the quality of our products.

3. 「しかし、安全性を考慮して、そのテレビを将来お使いになることはお止め下さるようにお願いします」

(1) 提案を示す際には、それを受け入れることが受信者のメリットになると暗示することが効果的です。情報配列の観点から言えば、「メリット」に触れてから「提案」を示すほうが受信者に心の準備をさせることができ、優れています。ここでは「安全性を考慮して」が受信者のメリットを示しますから、次のように文の優劣が決まります。

(×) We would suggest, however, that you should not use the TV

第4章　ビジネスメッセージの書き方を学ぶ

set in the future <u>for your safety</u>.
(△)　We would suggest <u>for your safety</u>, however, that you should not use the TV set in the future.
(○)　<u>For your safety</u>, however, we would suggest that you should not use the TV set in the future.

⇒ For your safety, however, we would suggest that you should not use the TV set in the future.

4.「キャビネットのないテレビは感電することが考えられます。また、テレビ部品が火事で損傷したために発煙を起こすかもしれないからです」

(1) この文章は一般論を述べています。発信者と受信者の共通理解である「火事で損傷しているそのテレビ」を話題にする場合には the TV set (in question [concerned]) と定冠詞をつけて英文に取り込みますが、一般論を展開する場合には、不定冠詞を使います。そこで A TV set without a cabinet という主語を立てます。

(2)「電気的なショックを与えることが考えられます」では、事故が発生する確率をどの程度に想定するかが問題です。50％の可能性を示す may を使うとテレビの危険性に焦点を浴びせることになりかねません。そこで可能性を低く提示するために、might を使うことにしましょう。同様に「発煙を起こすかもしれない」でも could（ひょっとしたらあり得る）を使います。

(3)「また」を機械的に and と訳すのは感心しません。ここでは強調的に訳すほうが「発信者が、受信者の身の危険を心配している」というニュアンスを伝えられるでしょう。moreover [furthermore, in addition]などの「追加」を示す副詞語句を使うべきです。

⇒ A TV set without a cabinet, if used, might give you an electric shock; moreover, parts of your TV set may have been damaged in the fire and could emit smoke.

5. 申込み2

5. 「当社テレビのカタログとその改訂価格表をあなたにお届けするようにと、A市の当社駐在員であるXに指示致しました」

(1) 「当社テレビのカタログとその改訂価格表」の中では、「改訂価格表」のほうが重要な書類です。特別価格を示すことによって、当社の感謝の気持ちを形にするのが発信者のねらいだからです。従って、英文でも「改訂価格表」に重点を置くことにしましょう。次の表現が可能です。

> ☐ a brochure of our TV products, together with a revised price list
> ☐ a revised price list as well as a brochure of TV products

後者のA as well as Bにおいて、Bは付け足しの情報であることに注意して下さい。

(2) 「指示致しました」には現在完了形を使い、発信者のprompt attention（迅速な仕事ぶり）を示します。

⇒ We have instructed Mr. X, our resident representative in your city, to send you a brochure of our TV products, together with a revised price list.

6. 「どうぞ価格表をゆっくりとご覧頂き、新しいテレビのご購入をご検討下さい」

(1) 「ゆっくりと」をslowlyと書くと、受信者はカタログを読むスピードを不必要に落とさなければならなくなります。ここでは「好きなだけ時間をかけて」という意味のtake time to ~ という言い回しを使いましょう。

→ Please take time to read [look at] the list to see if there is any model that might take [suit] your fancy.

7. 「お手紙に対して重ね重ねお礼申し上げます」

(1) 「やる気」を示すLet us ~ で始めることによって、「どうしても礼を言いたい」という気持ちを表現できます。二度目の感謝の表現ですから、(once) againということばをつけるのを忘れないで下さい。

⇒ Let us thank you again for your kind letter.

作成メッセージ例

Dear Mr. AAA,

Thank you for the kindness with which you paid us your compliments on our TV set in your letter of April 11. We are very pleased to see the enclosed pictures, which we believe prove the quality of our products.

For your safety, however, we would suggest that you (should) not use the TV set in the future. A TV set without a cabinet, if used, might give you an electric shock; moreover, parts of your TV set may have been damaged in the fire and could emit smoke.

We have instructed Mr. X, our resident representative in your city, to send you a brochure of our TV products, together with a special price list. Please take time to look at the list to see if there is any model that might suit your fancy.

Let us thank you again for your kind letter.

Sincerely yours,

Case Study No. 6
反対申込み 1

=== 状況と課題 ===

《状況》
　当社は商社でペルシャ絨毯をベルギーの B 社から輸入しています。担当者の Mr. Geert Desmet から昨日送られてきた 5 品の見本を検討した結果、デザインと出来栄えに非常に感銘を受けました。その結果、見本番号 10 番と 15 番を除く、見本番号 3、5、8 番の 3 品をそれぞれ 20 枚注文することを検討しています。

　ただし、オファーされた引き渡し時期が問題です。11 月中旬を提示されたのですが、どれだけ遅くても 10 月末に入手しないと順調な売れ行きは期待できません。また価格についても、当市場の厳しい競争を考えると、提示価格から 3% は値引きしてほしいところです。

　支払条件については「取消不可能信用状に基づく一覧払いの条件」という B 社のいつもの条件を受け入れる準備があります。

《課題》
　上記の内容のカウンターオファーを Mr. Desmet に E メールで送って下さい。時間がないのですぐに E メールによる返事を求めて下さい。

=== 内容の考察 ===

1. 注意点
(1) このケースでは、当社が成約を望んでいることを具体的な数字をあげて相手に伝えることが第 1 の仕事です。その後、積期の繰り上げと提示価格からの値下げについての交渉へと話を移しましょう。
(2) 支払条件について当社は相手側が望む条件に合意するのですから、これも交渉の道具として使いたいところです。

2. パラグラフ構成

これは「悪い知らせ」のメッセージですから「メッセージ構成 No. 2」の原則 (p. 81) に従います。

パラグラフ1——「メッセージを書く理由・きっかけ」

「見本のデザインと出来栄えに感銘を受け、3品をそれぞれ20枚注文したい」と考えていることが、メッセージを書く理由です。少し長い文章になりそうですが、因果関係を1文にまとめることは、しばしば分かりやすい文章を生み出す方針です。なお「見本番号10、15番を除く」という情報を明示することは、メッセージのマイナス面に受信者の目を向けさせることになります。注文する見本番号だけをあげましょう。

パラグラフ2——「事情の説明」+「メッセージの中心点1」

どれだけ遅くても10月末には商品を入手しないといけないことと、当市場の競争が激しいという事情を説明し、「積期の繰り上げ」と「価格の値下げ」を受信者に求めます。

パラグラフ3——「メッセージの中心点2」

支払条件について相手の希望を叶える準備がある、という点を交渉に生かすために、この点を強調します。この点だけでひとつのパラグラフを書き上げるのはそのためです。

パラグラフ4——「メッセージの結び」

早急な返事をEメールで求める、という定石的な表現を使えばいいでしょう。

3. メッセージアウトライン

上記の考察を元にこのメッセージの原案を日本語でまとめると次のようになります。

昨日送られてきた5品の見本を検討した結果、そのデザインと出来栄えに非常に感銘を受けました。その結果、見本番号3、5、8番の3品をそれぞれ20枚注文したいと考えています。

引き渡し時期を11月中旬と提示されたのですが、どれだけ遅くても、10

月末に入手しないと順調な売れ行きは期待できません。価格についても当地市場の厳しい競争を考えると、提示価格よりも 3% は値引きして下さい。

支払条件については、「取消不可能信用状に基づく一覧払い条件」という、いつもの条件を受け入れる準備があります。

E メールによる早急のご返事をお願いします。

=== 表現の考察 ===

1. 「昨日送られてきた 5 品の見本を検討した結果、そのデザインと出来栄えに非常に感銘を受けました。その結果、見本番号 3、5、8 番の 3 品をそれぞれ 20 枚注文したいと考えています」

(1) 「〜に非常に感銘を受けたので、その結果…を注文したい」という発想は "We are very impressed with 〜. As a result, we would like to place an order for..." と訳すこともできますが、so 〜 that... という構文を使い "We are so impressed with 〜 that we would like to place an order for..." と表現するほうが、因果関係をコンパクトにまとめられます。

(2) 骨格とする構文を so 〜 that... と決めれば、後は「時間軸を追いながら書くべし」（戦略 No.5）を使い情報を並べます。つまり「昨日送られてきた 5 品の見本を検討した」→「非常に感銘を受けた」→「注文したいと考えている」という順序で文章を並べるのです。

(3) 「〜を注文したいと考えています」は we are considering placing an order with you for 〜 と訳すのがよいでしょう。この consider ということばは、当社が注文するかどうか検討中であることを表わし、当社の「慎重な姿勢」を示します。なお、検討中の注文については数字をあげて詳しく説明し、当社が真剣であることを匂わせることも忘れてはいけません。

⇒ On checking the samples you sent us yesterday, we are so favorably impressed with the design and workmanship of your products that we are considering placing an order with you for twenty pieces each of

Sample Nos. 3, 5, and 8.

2.「引き渡し時期を 11 月中旬と提示されたのですが、どれだけ遅くても、10 月末に入手しないと順調な売れ行きは期待できません」

(1)「引き渡し時期を 11 月中旬と提示されたのですが」は読み手が知っている内容ですから、書く必要はありません。「どれだけ遅くても、引き渡し時期を繰り上げてもらわないといけない」は we must ask you to ～ ではなく、we have to ask you to ～ と書き出すほうがよいでしょう。must が「主観的な義務」を表わすのに対して、have to は「客観的な義務」を表わします。ここでの主張は、市場の状況を冷静に分析した上で行なっているので、have to の持つ「客観性」を利用するほうがよいのです。

(2)「10 月末に入手しないと順調な売れ行きは期待できません」は直訳してはいけません。10 月末に入手しても必ずしも順調な売れ行きを期待できるとは限らないからです。そこでこれを so that we can expect the carpets to find a ready sale here などと訳すのではなく、so that we can get the goods in time for the selling season ほどにとどめておきましょう。
⇒ We have to ask you to move forward the time of delivery to the end of October at the latest so that we can get the goods in time for the selling season.

3.「価格についても当地市場の厳しい競争を考えると、提示価格よりも 3% は値引きして下さい」

(1)「当地市場の厳しい競争を考えると」ということばは、値下げ要求の「理由」を表現しています。そこで「因果の順序で情報を提示すべし」(戦略 No. 6) に従います。

(2)「厳しい競争」にあたる頻度の高い表現は、*BM Corpus* によれば keen [increased, strong, growing] competition です。原則として最も頻度の高い表現を使うほうがミスコミュニケーションの可能性が減るはずですから、ここでは keen competition というコロケーションを使います。

(3)「3% は値引きして下さい」については次の中から適当な「押し」の表現を選んで下さい。

6. 反対申込み 1

- □〈弱〉 We hope that you will be able to give us a discount of 3% off the list prices.
- □〈中〉 We (would) request a discount of 3% off the list prices.
- □〈強〉 We would expect a discount of 3% off the list prices.

⇒ In the face of [In view of] keen competition in this market, we request a discount of 3% off the prices listed for the items above.

4. 「支払条件については、取消不可能信用状に基づく一覧払い条件という、いつもの条件を受け入れる準備があります」

(1) 「いつもの条件を受け入れる準備がある」を we are prepared to accept the usual terms of payment と直訳するよりも、この課題の状況では we will accept the usual terms of payment と「約束」として表現しましょう。相手にとって魅力的な条件なのですから「飴」(the carrot) を与えるためにハッキリと表現します。

(2) 「取消不可能信用状に基づく一覧払い条件という、いつもの条件」を「同格の of」を思い出し、the usual terms of a sight draft under an irrevocable credit と訳すのは危険です。同格の of は日本語の「〜という」ということばよりも使用範囲のかなり狭いことばだからです。同格関係は次のように句読点を使って表わすほうが安全です。

- □〈カンマを使ってを表わす〉: As for payment, we will accept the usual terms, a sight draft under an irrevocable credit.
- □〈ダッシュを使って同格を表わす〉: As for payment, we will accept the usual terms — a sight draft under an irrevocable credit.

⇒ As for payment, we will accept the usual terms, a sight draft under an irrevocable credit.

5. 「Eメールによる早急のご返事をお願いします」

「Eメールによる」と「早急の」は英語では副詞語句で表現します。日本

第4章　ビジネスメッセージの書き方を学ぶ

語では副詞語句を並べるルールは特には存在しないようですが、英語では「場所＋様態＋時」の順序で並べるのが一般的です。
⇒ We look forward to receiving your offer by e-mail as soon as possible.

―――――― 作成メッセージ例 ――――――

Dear Mr. Desmet,

On checking the samples you sent us yesterday, we are so favorably impressed with the design and workmanship of your products ― (1)so much so that we are considering placing an order with you for twenty pieces each of Sample Nos. 3, 5, and 8.

We have to ask you, however, to move forward the time of delivery to the end of October at the latest so that we can get the goods in time for the selling season here. In the face of increased competition in this market, we request a discount of 3% off the prices listed for the items above.

As for payment, we will accept the usual terms, a sight draft under an irrevocable credit.

We look forward to receiving your offer by e-mail as soon as possible.

Sincerely yours,

（注）
(1)「あまりにもそうなので」の意味。この語句を使うことにより、この前で読み手がいったん息を継ぐことを期待できます。この句は長い文章を読みやすくする工夫のひとつです。

Case Study No. 7
反対申込み2

=== 状況と課題 ===

《状況》

　あなたは東京の商事会社に勤めています。アメリカ・ニューヨークのA社からオーディオシステム RX468WX を仕入れるための交渉を進めてきました。先月にはニューヨークに出張し、交渉の詰めを行なったところです。

　ところが本日(6月20日)になって、A社が商品の5%の値上げをファックスで通知してきたのです。あなたが先月A社を訪問した際には、値上げの話などは全く出なかったのに、ファックスは、あなたがこの値上げをあたかも知っているかのように書かれています。ニューヨーク訪問中に値上げの件が出ていれば友好的に話し合いをし、この件の決着をつけることも可能であったかもしれませんが、こんな土壇場になっての値上げ通知には驚くばかりです。このビジネスはなかったことにしたいのは山々なのですが、RX468WX は人気商品で顧客にも待ってもらっている状態です。

　同時に8月15日からニューヨーク港湾ストライキの公算が極めて大きいという情報があなたの耳に飛び込んできました。そのストに巻き込まれると注文番号1234号の船積は遅れてしまいます。

　善後策を話し合うために神戸支店の田中誠と話をし、次のことを決めました。①注文番号1234号に限り CIF Kobe の条件で1セットあたり340ドルという改訂値段を受け入れること、②当社はこの注文品に対する信用状(額面金額64万ドル)をただちに開設すること、③ニューヨーク港湾諸施設がストライキの影響を受ける前に機械を積み出すことをA社に要求すること、です。

　なお、できるだけ早くA社の担当者に東京に来てもらい、双方に有益な新しい取引条件を話すよう求めることも決めました。

第4章　ビジネスメッセージの書き方を学ぶ

《課題》
　以上の状況に基づき、A社の担当者であるMs. Theresa ParkにEメールを作成し送って下さい。

================ **内容の考察** ================

1.　注意点

（1）このケースの場合、担当者が「驚き」やさらに「憤慨」を表現したくなるのも無理はありません。ニューヨーク出張中には値上げの話は全く出なかったのですから、その感情は理解できるものです。しかしながら、取引関係を断絶しても構わないなどの特別な場合を除いて、ビジネスメッセージでは必要以上に相手を批判してはいけません。欧米人、特にアメリカ人は気持ちをストレートに表現し、丁々発止に議論し合うのが常だ、と思い込んでいる人を時々見かけますが、これは必ずしも正しくありません。

（2）とは言っても、decency（上品さ）やdignity（品位）を保ちながら、否定的な感情や批判的な意見をある程度表現することは交渉では時には必要です。この課題でも値上げが突然通知されたことに対する「驚き」は伝える必要があるでしょう。A社の担当者を日本まで呼びつけるのですから、当社側の空気が緊張していることはA社に伝えなければならないからです。

2.　パラグラフ構成

　これは「悪い知らせ」を伝えるメッセージですから「メッセージ構成No. 2」の原則に従います。

パラグラフ1──「メッセージを書く理由・きっかけ」

　定石に従って、6月20日付のファックスを受け取ったことを書きます。A社からのファックスの内容を要約する際に、値上げのことに触れないわけにはいきません。

パラグラフ２──「事情の説明」

　パラグラフ１で触れる値上げに関し、①先月の出張中にはこの件は話に出なかったこと、②この時期の値上げ通告に驚いたことを書きましょう。淡々とした表現を心がけたいところです。

パラグラフ３──「メッセージの中心点１」

　①ニューヨークで港湾ストが計画されているので、注文品をすぐに船積してほしいこと、②今回に限って改訂価格を受け入れること、を書きます。受信者は改訂価格を受け入れてもらえるのですから、特別な事情でもない限り、船積時期を守ろうとするはずです。

パラグラフ４──「メッセージの中心点２」

　①信用状を開設することを約束すると共に、②ストより前に船積することを受信者に要求します。この点、特に②はこのメッセージの中で最も重要な点ですので、パラグラフ３とは別のパラグラフを立て、ここで取り上げることにしました。

パラグラフ５──「メッセージの結び」

　お互いに満足の行く取引条件を話し合うために、担当者に日本にできるだけ早く来ることを求めます。

3.　メッセージアウトライン

　上記の考察を元にこのメッセージの原案を日本語でまとめると次のようになります。

　RX468WXの価格を5％値上げする提案に関する、6月20日付のファックスを本日確かに受け取りました。

　先月貴社を訪問した時にはこの件は話に上らなかったことを申し上げなければなりません。この時期になってのご提案が、当社にとって大きな驚きであったことは、お分かり頂けるでしょう。

　しかしながら、港湾労働者によるストのために8月15日にニューヨーク港が閉鎖されるため、商品が当方に契約通り到着するように、注文番号1234号を早急に船積してもらわなければ困る状況になりました。

第4章　ビジネスメッセージの書き方を学ぶ

　神戸支店の田中誠とこの事態について話し合い、その結果、今回に限って改訂価格を了承することに致します。

　当社はすぐに額面金額 64 万ドルの信用状を開設するように取引銀行に依頼します。ストが始まる前にこの注文品を貴地で船積することが重要であることは言うまでもないでしょう。

　なお、どのような取引条件が双方にとって有利なのかを話し合うために、できるだけ早く東京にお越し下さい。

　この E メールに対する、早急で、現実的な返答をお待ちします。

=== 表現の考察 ===

1. 「RX468WX の価格を 5% 値上げする提案に関する、6 月 20 日付のファックスを本日確かに受け取りました」
(1) 来状の内容を考えても、このメッセージの第 2 パラグラフ以下で書くことを考えても、「感謝の意思」を表示することはできません。I have (duly) received your fax of June 20 と書き出します。
(2) 来状の内容の中で最も重要な「値上げ」について述べるのですから、「前置詞型」を使ってあっさりと書くよりも、「現在分詞型」か「前置詞＋関係代名詞型」を使い、比較的多くのことばを使いましょう。たとえば、次のようになります。

> □ 「現在分詞型」
> 　. . . your fax message of June 20, proposing to revise the price of your RX468WX (by 5%).
> □ 「前置詞＋関係代名詞型」
> 　. . . your fax message of June 20, in which the revised price of your RX468WX was proposed.

　なお、revise は英英辞書（*OALD*）には "to change sth, such as a book or an estimate, in order to correct or improve it" とあり、「値下げする」の意味のように思われますが、ビジネス英語では「値上げする」

7. 反対申込み 2

の意の婉曲語として用いられるのが普通です。
⇒ I have duly received your fax of June 20, proposing to revise the price of your RX468WX by 5%.

2. 「先月貴社を訪問した時にはこの件は話に上らなかったことを申し上げなければなりません」

(1) 「～ことを申し上げなければなりません」のように、言いにくいことをどうしても言わなければならない時には fair ということばが便利です。We think it only fair to remind you that ～ には相手の背筋をピーンと伸ばすだけの響きがあります。

> **fair の表現例**
> □ どうしても～と言っておかねばなりません。
>   We think it only fair to mention [tell you] that ～
> □ 貴社に～するように依頼するのも当然だと思います。
>   We think that it is fair to ask you to ～

(2) 「先月貴社を訪問した時には」は when I visited you [your office] last month と訳します。「訪問してからあまり時間が経っていないじゃないか」というニュアンスを含めるのであれば、as recently as last month と書くとよいでしょう。

(3) 「この件」の英訳として this topic ということばが頭をよぎった人も多いでしょう。しかし topic は「話題」という軽い感じがするために、ここでは適当ではありません。このような場合、その語を英英辞書で調べ、代わりとなることばを探すという方法があります。"topic = a subject that people talk or write about" (*LDOCE*) という定義から topic の代用表現として、subject ということばを探し出すという方法です。英英辞書にはこのような活用法もあります。

(4) 「この件は話に上らなかった」の表現は、あなたの英語力を測る良いバロメーターになるでしょう。

第4章　ビジネスメッセージの書き方を学ぶ

> ☐ 〈初級者の英語〉You did not bring up this subject.
> 　※ you を使っているところが問題です。強い非難口調になります。
> ☐ 〈中級者の英語〉This subject did not come up.
> 　※ 標準的な英語です。しかし、これをもう少し弱く表現したり、強く表現したりするという柔軟性を持ち合わせていない人が多いでしょう。
> ☐ 〈上級者の英語（A）〉No such subject came up.
> ☐ 〈上級者の英語（B）〉There was no mention of this subject.
> 　※ どのような効果をねらうのかによって、調子を強めたり（A）、弱めたり（B）することができます。なお（B）は mention という名詞を使っているので、this subject was not mentioned と動詞を使って表現するよりも「表現の出力」が弱いことに注意して下さい。

⇒ I think it only fair to remind you that when I visited you last month, this subject did not come up.

3. 「この時期になってのご提案が、当社にとって大きな驚きであったことは、お分かり頂けるでしょう」

(1) 「～をお分かり頂けるでしょう」のように受信者に悪い知らせを伝える時に、「受信者も～だと同意することでしょう」と強気の表現を用いることがあります。時にはこのように押し出しの強い表現も必要になります。

> ☐ (We think) you will agree that ～
> ☐ You will readily admit that ～

(2) 「当社にとって大きな驚きであった」のような否定的な感情表現については特に注意が必要です。それは

> 英語、特に大人の英語では、否定的な感情は控えめに表現することが多い

からです。

7. 反対申込み 2

　Back to the Future という映画に登場する George（主人公 Marty の父親）には高校生の時からいじめられ続けている Biff という現在の上司がいます。Biff にどうして立ち向かわないのかと尋ねる息子に George は次のように答えています。下線部に注意して下さい。

> I know what you're gonna say, son, and you're right, you're right. But Biff just happens to be my supervisor, and I'm afraid I'm not very good at confrontations.

　この映画を見た人は、George が「衝突があまり得意でない」どころか、「全く得意ではない」ことを覚えているでしょう。そのような場合でも、英語では I'm very bad at confrontations. とはあまり言わないのです。同様に I'm not very good at writing letters. の本当の意味は「手紙を書くのが大の苦手だ」であり、I don't like dogs very much. と言う人は、犬を見ると飛んで逃げる人だと思って間違いありません。

　このケースでも「大きな驚きであった」を「ちょっとした驚きであった」と訳しましょう。それでは表現が弱すぎて不安だと感じる人は、最後の「控えめに言って」（= to say the least）を加えるといいでしょう。

⇒ We think that you will agree that this proposal, made at the last moment, came to us as something of a surprise, to say the least.

4.「しかしながら、港湾労働者によるストのために 8 月 10 日にニューヨーク港が閉鎖されるため、商品が当方に契約通り到着するように、注文番号 1234 号を早急に船積してもらわなければ困る状況になりました」

(1) ストの知らせは受信者にとっては既知の情報ですから、① 文の前半に置いて旧情報として扱い、② 文よりは節、節よりは句で表現して軽く扱います。そこで、

> ☐ 節を使った文: Since the longshoremen's strike is expected to shut off New York Port on August 10

> ☐ 句を使った文: In view of [In the face of] the longshoremen's strike expected to shut off New York Port on August 10

の中から「句を使った文」を選ぶことになります。なお expected to 〜 は予定を表わすだけですので、ストの「脅威」を表に出すために threatening to shut off 〜 と書くこともできます。

(2) 「注文番号 1234 号を早急に船積してもらわなければ困る状況になりました」については次の3つの表現を比較してみましょう。

> ☐ We need to ask you to ship our Order No. 1234 promptly
> ※ この課題では ask ということばは弱すぎます。
> ☐ We need to have you ship our Order No. 1234 promptly
> ※ have という使役動詞は make ほど「〜させる」という意味は強くありません。しかし読み手に向かって直接 have you 〜 と書くことは避けたほうがよいでしょう。
> ☐ We need to have our Order No. 1234 shipped promptly
> ※ have を使う場合には「have ＋ もの ＋ 過去分詞」の形で使うのが無難です。

⇒ In view of the longshoremen's strike threatening to shut off New York Port on August 15, however, we need to have our Order No. 1234 shipped promptly so that the goods may reach us punctually.

5. 「神戸支店の田中誠とこの事態について話し合い、その結果、今回に限って改訂価格を了承することに致します」

「発生順」に書くべき典型的な文章です。その方針に基づいて書いた次の文章に修正を加えていきましょう。

- Mr. Makoto Tanaka of our Kobe office and I have talked about this matter and have reached the conclusion that we will accept the revised price in this instance.

7. 反対申込み2

=== 手直し案 ===

☐ 事態の深刻さを考え「この事態について話し合い」を《格式》の英語で表現します。

talked about this matter → discussed these circumstances

※ talk about ～ は雑談する場合にも使うことができますので discuss に変え、matter の代りに circumstances という大きなことばを使います。

☐ 改訂価格を受諾するのは今回だけだということをさらに強調します。

in this instance → only in this instance [, only in this instance, ― only in this instance]

※ 句読点(カンマ、ダッシュ)を使って、さらに強調することもできます。

⇒ Mr. Tanaka of our Kobe office and I have discussed these circumstances and have reached the conclusion that we will accept the revised price, only in this instance.

6.「ストが始まる前にこの注文品を貴地で船積することが重要であることは言うまでもないでしょう」

　「言うまでもない」は We do not have to say that ～ と書くのが一般的ですが、You will see that ～ と書くと「押し」の強い表現となります。「重要である」には important, essential, necessary などがありますが、ここではさらに意味の強い imperative を使いましょう。"extremely important and needing to be done or dealt with immediately" (*LDOCE*) という意味を持つことばです。

⇒ You will see that it is imperative that this order be shipped from your end before the strike goes into effect.

7. 「なお、どのような取引条件が双方にとって有利なのかを話し合うために、できるだけ早く東京にお越し下さい」

「なお」を incidentally や by the way と訳すと、これまでのメッセージの内容と関係のない話題を導入する感じを与えてしまいます。ここでは in the meantime が適当です。「できるだけ」は at your earliest convenience という表現が該当しますが、この表現は cliché (陳腐な決まり文句) ですから、相手の心を打たない可能性があります。as soon as you possibly can などと書くのもよいでしょう。

⇒ In the meantime, we have to ask you to come to Tokyo at your earliest convenience so that we can discuss terms and conditions of a sales contract that will be mutually beneficial [acceptable].

8. 「このEメールに対する、早急で、現実的な返答をお待ちします」

「返答」には reply と response がありますが、response は「返答」だけではなくそれに「対応」を結びつけた《格式》の響きを持ちます。ここではふさわしい単語でしょう。

⇒ We look forward to receiving your prompt and practical response to this e-mail.

―― 作成メッセージ例 ――

Dear Ms. Park,

I have duly received your fax of June 20, proposing to revise the price of your RX468WX by 5%.

I think it only fair to remind you that when I visited you last month, this subject did not come up. We think that you will agree that this proposal, made at the last moment, came to us as something of a surprise, to say the least.

In view of the longshoremen's strike threatening to shut off New York Port on August 15, however, we need to have our Order No. 1234 shipped promptly so that the goods may reach us punctually. Mr. Tanaka of our Kobe office and I have discussed these circumstances and have reached the conclusion that we will accept the revised price, only in this instance.

We will ask our bank to open an LC for US$640,000 in your favor immediately. You will see that it is imperative that this order be shipped from your end before the strike goes into effect.

In the meantime, we have to ask you to come to Tokyo at your earliest convenience so that we can discuss terms and conditions of a sales contract that will be mutually acceptable.

We look forward to your prompt and practical response to this e-mail.

Sincerely yours,

第4章　ビジネスメッセージの書き方を学ぶ

Case Study No. 8
反対申込み3

―― 状況と課題 ――

《状況》
　当社は自動車用ナビゲーションのディスプレイメーカーです。A国のB社へは3年前から売り込みをかけていましたが、やっと「来年1月からのディスプレイ生産を任せる」という9月20日付のファックスが届きました。
　現在、当社の主力商品はModel Xですが、来年4月から性能・価格共により競争力のあるModel Zに移行させる予定です。この件についてはcircular letterにより顧客には通知を終えており、もちろんB社への説明も十分に行なってきたつもりでした。ところが今朝届いたメッセージには、来年から再来年にかけての見込み注文としてModel Xを1万台指定してきたのです。
　工場長にあたってみると、やはり来年3月31日にModel Xの生産は中止すること、またB社からの注文数量1万台はModel Xの生産ラインを維持するだけの数ではないことが分かりました。
　会議の結果、B社へ次のカウンターオファーをすることに決定しました。①Model Zの注文をするように再考を依頼すること、②Model Zへ移行する前にB社がリードタイムを必要とするのなら、特別にB社用として来年3月に5,000台のModel Xを製造する準備があること。

《課題》
　B社へカウンターオファーのファックスを書いて下さい。その際、10日以内の返事を求めて下さい。

内容の考察

1. 注意点
(1) 当社はB社に対する特別対応策(《状況》の②)を用意しているのですから、このケースはそれほど書きにくいものではないでしょう。ただ注意深くメッセージを組み立てないと、受信者を非難するような箇所があります。
(2) 「もちろんB社へも説明は十分に行なってきた」こと、また「B社からの注文数量1万台はModel Xの生産ラインを維持するだけの数ではない」ことの2点を英文にする時には注意が必要です。

2. パラグラフ構成
　カウンターオファーとは一種の「悪い知らせ」ですから「メッセージ構成 No. 2」の原則に従います。

パラグラフ1──「メッセージを書く理由・きっかけ」
　9月20日付のファックスに対して礼を述べればよいでしょう。断り状の第1パラグラフでは普段よりも丁寧な表現を書くように心がけて下さい。

パラグラフ2──「事情の説明」
　工場長の話した内容がこの事情の説明にあたります。つまり、① 来年の4月からModel Zの製造が始まること、② B社の注文数量はModel Xの生産ラインを維持するほど多くないこと、を伝えます。① については「当社がcircular letterで以前お知らせしたように」(As we informed you in our circular letter)と書くことが効果的かどうかを判断しなければなりません。事実を押さえることはビジネスライクな態度ですが、場合によっては、相手の不注意を非難することになります。

パラグラフ3──「メッセージの中心点」
　① 今後の注文品をModel XからModel Zへ変更を検討するように依頼し、② 来年3月に5,000台のModel Xを製造する準備があることを伝えます。特に②については、相手のリードタイムを考えての提案ですから、その点を強調することによって、カウンターオファーが持つ否定的口調を緩和す

第4章　ビジネスメッセージの書き方を学ぶ

ることができるでしょう。

パラグラフ4——「メッセージの結び」

　重要な意思決定の結果を 10 日以内で求めるのですから、如才ない表現を使いたいところです。

3. メッセージアウトライン

　以上の考察を元に、このメッセージの原案を日本語でまとめると次のようになります。

> 　200X 年 1 月からの自動車ナビシステム用のディスプレイの製造を当社にお任せ下さるとおっしゃった 9 月 20 日付のファックスに感謝致します。
> 　当社の工場長に確認しますと、Model Z の製造が 200X 年の 4 月から始まり、それ以降、Model X の生産は中止するとのことです。当社 5 月 10 日付の circular letter のコピーをご覧下さい。貴ファックスであげられている見込み注文は現在の Model X の製造ラインを維持するだけの数ではないことをお伝えしなければなりません。
> 　以上の理由から、貴社の自動車ナビシステム用のディスプレイは Model X から Model Z に変更することをお考え下さい。この変更にリードタイムが必要でしょうから、200X 年 3 月に、貴社のために Model X を 5,000 台製造する準備があります。
> 　できれば、10 日以内のご返事を頂ければ幸いです。

=== **表現の考察** ===

1. 「**200X 年 1 月からの自動車ナビシステム用のディスプレイの製造を当社にお任せ下さるとおっしゃった 9 月 20 日付のファックスに感謝致します**」
(1) 「第 1 パラグラフの定型表現を活用すべし」(戦略 No. 2) で学んだ表現を使えばよいのですが、ポイントは来状の内容要約文である「ディスプレイの製造を当社にお任せ下さるとおっしゃった」の英訳でしょう。「任せる」「委託する」の意味を表わす動詞は entrust で、この動詞文型は

次の通りです。

> □ entrust 物 to 人
>   We hope you will entrust the manufacture of flat displays to us.
> □ entrust 人 with 物
>   We hope you will entrust us with the manufacture of flat displays.

動詞は辞書で動詞文型を確認さえすれば間違いなく使うことができるというメリットを持っています。動詞を中心に英文を書くと安心感を味わうことができます。

(2) 日本語の「～とおっしゃった」という敬語を次のように直訳すると、へりくだりすぎる感じがします。

> (×) Thank you for your fax message of September 20, in which you were so good as to entrust us with the manufacture of flat displays . . .

その代りに以下のように「感謝致します」を丁寧にするのが英語流です。

⇒ We want to [must] thank you very much for your fax message of September 20, entrusting us with the manufacture of flat displays from January 200X onward.

2. 「当社の工場長に確認しますと、Model Z の製造が 200X 年の 4 月から始まり、それ以降、Model X の生産は中止するとのことです。当社 5 月 10 日付の circular letter のコピーをご覧下さい」

(1) 第 1 文の情報源は「当社の工場長」です。「情報源」を最も簡単に英語にするコツは、Our works manager informs us that . . . のようにそれを主語にすることです。「～によれば」を見るといつも According to ～ と書き出す人がよくいますが、この語は通例、情報源の権威や信頼度を強調する時に使われます。

第4章　ビジネスメッセージの書き方を学ぶ

(2) 「Model Z の製造が 200X 年の 4 月から始まり、それ以降、Model X の生産は中止する」は「時間軸を追いながら書くべし」(戦略 No. 5) を使い、次のように言い換えて英訳しましょう。

> ☐ 200X 年の 3 月 31 日に Model X の生産を中止し、それ以降 Model Z の製造を始めます。
> ☐ They will cease producing Model X at the end of March, after which they will be starting to manufacture Model Z.

　after which は難しい構造のように思えますが、これだけで「その後」というまとまった意味を表わすので、決して理解しにくい表現ではありません。

(3) 第 2 文は、Model X の製造中止についてはもうすでに知らせたことをさりげなく伝えるために書きます。Please see the enclosed copy of our May 10 circular letter. 程度の文章でよいでしょう。

⇒ Our works manager has informed us that they will cease producing Model X at the end of March 200X, after which they will be starting to manufacture Model Z. Please see the enclosed copy of our May 10 circular letter.

3. 「貴ファックスであげられている見込み注文は現在の Model X の製造ラインを維持するだけの数ではないことをお伝えしなければなりません」

(1) たとえばこの文章を次のように訳せば、かなり否定的・批判的な響きを持つことに注意して下さい。

> We have learned from your fax that your prospective orders are not so large that we cannot maintain the present Model X production lines.

(2) 否定的な文章で your や you を、特に主語の位置で使うと、受信者への非難口調が生まれます。上記の文章から非難がましい口調を取り除くには、① 文章から your を取り除き、他のことば (特に the) に置き換

8. 反対申込み3

えること、②客観性を感じさせることばを使うこと、が有効です。次の英文で使った warrant は客観性を感じさせる《格式》の表現の例です。
⇒ We feel that the size of the prospective orders mentioned in your fax does not seem to warrant maintaining the present Model X production lines.

4. 「以上の理由から、貴社の自動車ナビシステム用のディスプレイは Model X から Model Z に変更することをお考え下さい。この変更にリードタイムが必要でしょうから、200X 年 3 月に、貴社のために Model X を 5,000 台製造する準備があります」

(1) 「以上の理由から」というつなぎことばは通例、for this reason や therefore と訳すことができます。しかしこのケースのように受信者への依頼内容が比較的厳しい場合には、in these circumstances などの大きなことばを使うのがよいでしょう。

(2) 「～をお考え下さい」は不本意を表わしながら依頼をするべき箇所で、

> We must [have to, are obliged to, are compelled to, are forced to] ask you to ～

と書きます。

(3) 「この変更に…」以降の文章は受信者にとって良い知らせですが、これ以前のメッセージは受信者にとっては快いものではなかったはずです。そこで「この変更に…」では、「今から良い知らせを始めるぞ」と宣言することが効果的です。たとえば、

> □ We are pleased [glad, happy] to inform [tell] you that ～
> □ You will be pleased [glad, happy] to know [hear, learn] that ～

と表わすことができます。

(4) 「この変更にリードタイムが必要でしょうから、200X 年 3 月に、貴社のために Model X を 5,000 台製造する準備があります」の英訳では、当社が相手の事情を理解していることを積極的に表現しましょう。「この変

更にリードタイムが必要でしょうから」(as you will need some lead time before you do the switching) という文章が発信者の理解を示しますから、これをできるだけ早く提示することによって、you-attitude（受信者の立場を重要視する考え方）を伝えることができます。

⇒ In these circumstances, we are obliged to ask you to consider using Model Z for your car navigation systems. You will be pleased to know that as you will need some lead time before you do the switching, we are prepared to deliver to you 5,000 units of Model X in March, 200X.

5.「できれば、10日以内のご返事を頂ければ幸いです」
(1) これだけの決断を10日で求めるのですから、英文にもtact（気配り）が必要です。まず適当な「クッション語句」で文章を始め、次に「依頼」ではなく「希望」として10日以内の返事を求めましょう。
(2) 通例「10日以内」はwithin the next ten daysと訳されます。ただし、時差を気にしなければならない時には、日にちを指定するほうがよいでしょう。たとえば、

> ☐ 当地の時間で10月10日までにご返事下さい。
> ☐ We look forward to hearing from you by October 10, our time.

というようにです。

⇒ If possible, we would like to hear your reply to this offer within the next ten days.

=== 作成メッセージ例 ===

Ladies and Gentlemen:

Model X Navigation Displays

We must thank you very much for your fax message of September 20,

8. 反対申込み 3

entrusting us with the manufacture of these displays [1]from January 200X onward.

Our works manager has informed us, however, that they will cease producing Model X at the end of March 200X, after which they [2]will be starting to manufacture Model Z. Please see the enclosed copy of our May 10 circular letter. We feel that the size of the prospective orders mentioned in your fax does not seem to warrant maintaining the present Model X production lines.

In these circumstances, we are obliged to ask you to consider using Model Z for your car navigation systems. You will be pleased to know that since you will need some lead time before you do the switching, we are prepared to deliver to you 5,000 units of Model X in March, 200X.

If possible, we would like to hear your response to this offer within the next ten days.

Sincerely yours,

（注）
(1) "from + 時" を使う場合は「～から…まで」と起点と終点の両方を示すかルールです。通常は "from A to [through] B" と書きますが、課題の場合には B が明らかではありません。そのため onward を使いました。
(2) will be starting という未来進行形は、行なうことがすでに決まっている未来の動作を「淡々と」(matter-of-factly) 述べるのに適しています。Model Z の製造予定を述べる場合には最適です。

第4章 ビジネスメッセージの書き方を学ぶ

Case Study No. 9
個人的依頼を断るメッセージ

=== 状況と課題 ===

《状況》
　あなたは商社に勤めています。日本でワールドカップが開かれる2002年の春のこと。イギリスの取引先の Mr. John Smith から「仕事とは関係ないが」という断りつきながら「ワールドカップのイングランドチームの関連グッズを500ポンドほど見繕って送ってほしい」という依頼のファックスが3月10日に届きました。もちろんグッズ代やその送料はSmith氏が支払うとのこと。
　さっそく上司に相談すると「このような依頼は今後増えることが予想されるために、ひとつひとつ対応していては仕事の支障になることも考えられる。従って、会社の方針として断ることに決まった」と言われました。

《課題》
　上記の状況に基づいて、Smith氏へ断りのEメールを送って下さい。ただし、以前彼が来日した時に気がついたのですが、Smith氏はかなり気難しい人です。なお、Smith氏とは今後も有効な取引関係を継続させなければならないことに注意して下さい。

=== 内容の考察 ===

1. **注意点**
(1) 断りのメッセージは非常に書きにくいものです。そのため、原則通りのメッセージを書くことにしましょう。断りのメッセージを書く時の最重要点は、次の通りです。

　　☐ 丁重な英語を書くこと
　　☐ 断らなければならない理由を説明すること

> □ メッセージの最初と最後は明るい調子で書くこと

2. パラグラフ構成
　これは「悪い知らせ」を伝えるメッセージですから「メッセージ構成 No. 2」の原則に従います。
パラグラフ1──「メッセージを書く理由・きっかけ」
　このメッセージは来状に対する返信ですから、Smith 氏からのファックスを拝受した、と書けばよいでしょう。
パラグラフ2──「事情の説明」+「メッセージの中心点」
　本来、断り状の第2パラグラフは「断りの事情」を書くところです。ただ、このケースの場合、事情が「このような依頼は今後増えることが予想される」ことだけであり、これだけでひとつのパラグラフを構成するのは、少々無理があります。そこで「その依頼の全てに対応していると通常の仕事に支障を来すと考えられる」という「断り」そのものもここに加えましょう。つまり、このパラグラフに「事情の説明」と「中心点」の機能を兼務させるのです。
パラグラフ3──「メッセージの結び」
　できるだけ明るく締めくくるために、少しサッカーに関する話題を入れ、personal touch の文章で締めくくるように試みましょう。

3. メッセージアウトライン
　上記の考察を元にこのメッセージの原案を日本語でまとめると次のようになります。

> 　イギリス・サッカーチームのグッズに関する3月10日付のファックスを受け取りました。
> 　このような依頼は世界中のサッカーを愛するお客様から今後増えることが予想されますので、ご希望にお応えしようとすると通常の業務に支障が出るかもしれないという結論に達しました。
> 　イングランドチームも日本チームも活躍することを祈っています。

第4章　ビジネスメッセージの書き方を学ぶ

=== **表現の考察** ===

1. 「イギリス・サッカーチームのグッズに関する3月10日付のファックスを受け取りました」
(1) このケースのように、相手から来たファックスがありがたくないような場合でも、ビジネス英語では Thank you for 〜 と書き出すのが普通です。しかし、皆さんが船積した商品に関してクレームを受け取った時に Thank you for the complaints you filed in your fax of today about the goods shipped. と書くのには抵抗があるのが当然です。このような場合には、

> We have (duly) received your fax of today concerning the goods shipped.

と書き、受け取りの事実だけを述べます。

(2) このケースでは次の3つのどの書き方を選べばよいでしょうか？

> ☐「前置詞型」
> Thank you for your fax of March 10 regarding goods relating to England soccer team.
> ☐「現在分詞型」
> Thank you for your fax of March 10, requesting us to send you goods relating to England soccer team.
> ☐「前置詞＋関係代名詞型」
> Thank you for your fax of March 10, in which you requested that goods relating to England soccer team be sent to you.

　このメールは断りのメールですから、メールの内容はできるだけ圧縮して示すのが普通です。ここでは「前置詞型」を選びましょう。相手のファックスの内容を長々と引用することは、そのファックスの主旨に賛成するかのような印象を読み手に与えることがあり、断りのメッセージでは要注意です。

⇒ Thank you very much for your fax of March 10 regarding goods relating to England soccer team.

2. 「このような依頼は世界中のサッカーを愛するお客様から今後増えることが予想されますので、ご希望にお応えしようとすると通常の業務に支障が出るかもしれないという結論に達しました」

(1) まず上記の日本語を次のように訳し、これに手を加えます。

> As similar requests may come to us from like-minded customers the world over, we are unable to meet your wishes. For this reason, as a company policy, we have decided to decline such requests.

(2) 説得力のある文章を書くためにこの段階で重要なことは、① 理由を効果的に述べること、② 丁寧な英語を使うこと、の2点だと言えるでしょう。この2つの方針に基づいて上記の文を手直しします。

―――― 手直し案 ――――

☐ 理由を効果的に述べるために、似通った依頼の数の多さを強調します。
similar requests → large numbers of similar requests
※ many は通例、否定文や疑問文で使われますので、As many similar requests may come to us とするのは避けましょう。

☐ 理由を効果的に述べるために、依頼が来る可能性を高く設定します。
may come → are expected to come
※ will probably としても可能性を高めることができますが、are expected to ~ のほうが客観性を感じさせます。

☐ 「仕事の支障になる」を表現します。
we are unable to meet your wishes → we are unable to accommodate your wishes without ignoring our usual business responsibilities.
※ この手直し策は、「通常の業務を行なう」という意味の熟語である

(carry on) business as usual を下地にしたものです。このビジネス英語でプラスのイメージがある表現を応用して前記のように書くことによって、当社がまずい事態に陥るかもしれないことを効果的に表現できます。なお、クッションになることばを補うほうがよいでしょう。we have to come to the unfortunate conclusion that 〜 を前記の表現の前に置きましょう。

⇒ As large numbers of similar requests are expected to come in from like-minded customers across the world, however, we have come to the unfortunate conclusion that we are unable to accommodate your wishes without neglecting our usual business responsibilities.

3. 「イングランドチームも日本チームも活躍することを祈っています」

(1) これまでとは少々異なる話題を導入する時に、in the meantime（さて話は変わって、ところで）という語句はよく使われます。

(2) 「〜に活躍ぶりを見せる」は、スポーツでよく使われる show 〜 what you are made of を使って表現できます。スポーツの試合の前にコーチが選手にかけることばです。これに似たことばに Break a leg! があります。元々は舞台に出る俳優に向かって言うことばだったのですが、今ではもう少し広く試験や試合に臨む人に向かって言う励ましのことばです。

(3) 「願う」には keep our fingers crossed という表現を当てることもできるでしょう。これは「（災難よけなどのために）中指を曲げて人さし指に重ねる」（『新英和中辞典』研究社）という願いごとのしぐさから来た表現です。

(4) ただし、上記2つの「英語らしい英語」は本ケースのようにネイティブスピーカーに対して使うのは問題ありませんが、そうでない場合には、もっと一般的な表現に変えるのがよいでしょう。たとえば、

In the meantime, we hope that your national team and ours, too, will play good football.

9. 個人的依頼を断るメッセージ

と書きます。

⇒ In the meantime, we keep our fingers crossed, praying that your national team and ours will show the world what they are made of.

===作成メッセージ例===

Dear Mr. Smith,

Thank you very much for your fax of March 10 regarding goods relating to England soccer team.

As large numbers of similar requests are expected to come in from like-minded customers across the world, however, we have come to the unfortunate conclusion that we are unable to accommodate your wishes without neglecting our usual business responsibilities.

In the meantime, we keep our fingers crossed, praying that your national team and ours will show the world what they are made of.

Sincerely yours,

(注)
(1) 第1パラグラフを次のように書けば personal tone をメッセージに加えることができるでしょう。

Thank you very much, Mr. Smith, for your fax of March 10, in which we are pleased to learn that you are as excited as we are at the prospect of watching the greatest football games to be held in this part of the world.

第4章　ビジネスメッセージの書き方を学ぶ

Case Study No. 10
断り状

状況と課題

《状況》
　あなたは九州で数校の英会話学校を経営しているA専門学校に勤務しています。最近の幼児英語教育ブームを受けて5ヵ月後の200X年5月21日に入場無料の「早期英語教育シンポジウム」を開催し、幼児クラスの受講者の数を増やすことを企画しました。講師として、この分野の第一人者でありあなたの友人であるProfessor Andrew Millerをアメリカから呼ぶことを決め、彼の承諾も取り付けていました。これらは全てあなたの発案によるものです。
　今朝いつものように課長会議に出ると事務部長から経済的理由のために来年度は無料のシンポジウムセミナーを開催しないことに決まったと言われました。少子化のために現在の受講生の数が予想をはるかに下回り、この種の活動にあてていた予算をカットしなければならなくなったためだそうです。この時期の予算案変更は初めてのことで事態の深刻さがうかがえます。
　このシンポジウムを有料にすることも考えましたが、当日の主たる観衆と考えられる小さな子供を持つ女性が、入場料を払ってまでもこのシンポジウムを聞きに来るだろうかと考えると、楽観的にはなれません。

《課題》
　Miller氏にシンポジウムが中止になったことを伝えるEメールを送って下さい。Miller氏の了解を得たのは2週間前のことで、条件面の話し合いはまだ始めていません。

10. 断り状

=== 内容の考察 ===

1. 注意点

(1) 「悪い知らせ」を伝えるメールですから、相手方が納得できる理由を丁寧に書くことがポイントです。しかしこの課題の場合は「勤務先の経済状態の悪化」が理由であり、これをはっきりと表現することははばかられるでしょう。まさか We are forced to cancel the symposium because we are in dire [financial] straits. と書くことはできないでしょう。従ってどのような理由を相手に示すのかが知恵の発揮のしどころとなります。

(2) 受信者はあなたの知人ですし、まだ講師料などの条件面での話し合いをする前なのですから、シンポジウムをキャンセルしても法的な問題が生じることは今のところは考えられません。

(3) 来年度は受講生が増え、シンポジウムを開催できるかもしれません。従って、このメッセージでも「将来シンポジウムを開催する時にはまた協力をお願いしたい」ぐらいは書いてもよいでしょう。ただしその場合でも将来シンポジウムを開催するのは確定済みというような印象を与えることは避けなければなりません。

2. パラグラフ構成

これは「悪い知らせ」を伝えるメッセージですから「メッセージ構成 No. 2」の原則に従います。

パラグラフ1 ――「メッセージを書く理由・きっかけ」+「事情の説明」

「事務部長から無料のシンポジウムを開催しないようにと言われた」ことを書きます。ただしA専門学校がなぜそのような方針を立てたのかは明示しないで書いてみましょう。そこで「200X年5月21日に開催予定である早期英語教育シンポジウムについて申し上げることがあります」と書き出し、その後に事務部長の発言を引用します。この部長発言内容を説明することが事情の説明となり、中心点である「シンポジウム中止」へと話を続けていくのです。

パラグラフ2 ――「メッセージの中心点1」

「あなたに基調講演をお願いしたシンポジウムも無料のシンポジウムの範疇

に含まれるので、中止しなければなりません」と書きます。ただし「中止」という言い方では将来シンポジウムを開催する可能性も摘み取ることになりますので「無期延長する」と表現しましょう。

パラグラフ3——「メッセージの中心点2」

謝罪の意思を表現します。「観客があなたのご講演から多くのものを学ぶことを私は確信していたので、ますます残念である」などと書き、講演者の専門知識の高さに言及しながらできるだけ明るいトーンのメッセージを書くことを目指しましょう。

パラグラフ4——「メッセージの結び1」

話をシンポジウムの中止から将来に転じて、「幼児英語教育は人気のあるテーマなので、いつか講演会を開催することを希望している」と書きます。ただし「従ってその時には講師としてお願いしたいと思っている」と踏み込むのは勇み足です。

パラグラフ5——「メッセージの結び2」

「当方の事情をご賢察下さるようお願い致します」にあたる英語を書いて締めくくりましょう。

3. メッセージアウトライン

上記の考察を元にこのメッセージの原案を日本語でまとめると次のようになります。

200X年5月21日に開催予定である早期英語教育シンポジウムについて、事務部長から、来年度から入場無料のシンポジウムやワークショップを開催しないのが当校の方針となると聞きました。

基調講演をお引き受け頂いたこのシンポジウムは、残念ながら、無料のシンポジウムの範疇に入ります。そのために、このシンポジウムを無期延長せざるを得なくなりました。

あなたにおかけしたご迷惑をお詫びします。観客があなたのご講演から多くを学び取ることができることを私は確信していたので、ますます残念です。

> 早期英語教育は当地で非常に人気のあるテーマですので、教育熱心な保護者のために、セミナーをいつかは開催できると信じています。
> 当方の事情をご賢察下さるようにお願いします。

=== 表現の考察 ===

1. 「200X 年 5 月 21 日に開催予定である早期英語教育シンポジウムについて、事務部長から、来年度から入場無料のシンポジウムやワークショップを開催しないのが当校の方針となると聞きました」

(1) 「200X 年 5 月 21 日に開催予定である早期英語教育シンポジウムについて」を書く際には、I refer to ～ と文章として書きおこす方法と、With reference to ～ と句として書く方法があります。受信者が知っている内容を「おさらい」するのですから、簡単に句で書くほうが理にかなっています。そこで With reference to the symposium on the teaching of English to children と書き始めます。なお、「英語教育」は the education of English to children とは言いません。educate する対象は「人」でなければなりませんので the education of children in English と表現します。

(2) 次に「来年度より入場無料のシンポジウムやワークショップを開催しない方針となったと事務部長から聞いたところだ」という文章を英訳します。これをまず

> Starting next year, the head of the office staff just told me that we never offer admission-free seminars, symposia, or workshops.

と訳し、これに修正を加えましょう。

=== 手直し案 ===

> □ 修飾語と被修飾語の距離を短くし、より分かりやすい英語にします。

第4章　ビジネスメッセージの書き方を学ぶ

Starting next year を **that** の直後に移動させる。
※英語は日本語よりも修飾語と被修飾語の距離に敏感なことばです。誤解しようとしても誤解できないように修飾関係を明確にします。

☐ 時制を整理します。

the head of the office staff just told me that ～ → I have been told by the head of office staff that ～

※たとえ動詞の過去形に just をつけても、やはり「現在と切り離された過去の時点」を示します。ここでは現在完了形を使いましょう。なお、主語を I に変更したのは、I は受信者とって「旧情報」ですから、この文を「旧情報 → 新情報」の順序で展開できるからです。

☐ 現在形の含意を嫌って、未来を表わす表現を使います。

we never offer ～ → it will be our policy not to offer ～

※現在形は主に「習慣・不変の真理」を表わします。そのため元の文章は「過去も、現在も、未来も、～を提供しない」という意味としてとられる可能性があります。「1秒後のことでも未来のことは未来として表現する」のが英語です。なお組織の方針を説明する時には policy ということばを使うのが効果的です。組織に属する以上その方針に従わなければならないことは当然である、という考え方は英語でも納得されます。

⇒ With reference to the symposium on the teaching of English to children, which is scheduled for May 21, 200X, I have been informed by the head of the office staff that starting next year, it will be our policy not to offer admission-free seminars, symposia, or workshops.

2. 「基調講演をお引き受け頂いたこのシンポジウムは、残念ながら、無料のシンポジウムの範疇に入ります。そのために、このシンポジウムを無期延長せざるを得なくなりました」

(1) 一般英語では「残念ながら」は To our regret と表現すると習うことが多いのですが、ビジネス英語では Unfortunately と表現することが普

通です。*BM Corpus* によれば、Unfortunately は To our regret の 10 倍以上使われています。

(2) 「基調講演をお引き受け頂いたこのシンポジウム」は発信者と受信者のどちらに焦点を向けるかによって、英訳が変わります。

> ☐ 〈発信者中心の英語〉: this symposium, for which we asked you to attend as a keynote speaker
> ☐ 〈受信者中心の英語〉: this symposium, which you were kind enough to agree to attend as a keynote speaker

ビジネス英語には受信者の立場を重要視するという考え方（you-attitude）があります。そのため、上記のように 2 種類の表現が可能な場合には、〈受信者中心の英語〉を書くように努めて下さい。

⇒ Unfortunately, the symposium, which you were kind enough to agree to attend as a keynote speaker, falls in this category. For this reason, we are forced to postpone holding the symposium for an indefinite period of time.

3. 「あなたにおかけしたご迷惑をお詫びします。観客があなたのご講演から多くを学び取ることができることを私は確信していたので、ますます残念です」

(1) 「ますます残念」は I am all the more sorry because 〜 と書くのが定石です。それに we were beginning to make arrangements for the symposium という理由を付け加えます。

(2) 「観客があなたのご講演から多くを学び取ることができることを私は確信していたので」は次の 2 つを比較して下さい。

> ☐ 〈動詞を中心とした英語〉ing の繰り返しが気になりますが、自信を持って書くことができます。
> I am all the more sorry as we were **beginning** to make arrangements for this seminar, **believing** that the audience would find it highly informative.

> ☐ 〈名詞を中心とした英語〉ing の繰り返しを取り除くことができますが、この語句でよいのか自信が持てません。
> I am all the more sorry as we were beginning to make arrangements for this seminar **with the full confidence that** the audience would find it highly informative.

　やはりどちらかと言えば、「動詞を中心に英語を書くべし」（戦略 No. 9）に従うほうがよいでしょう。with the full confidence that 〜 という表現を間違いなく使える人は少ないと思われます。

⇒ I apologize to you for any inconvenience this may cause you. I am all the more sorry as we were beginning to make arrangements for this seminar, believing that the audience would find it highly informative.

4.「早期英語教育は当地で非常に人気のあるテーマですので、教育熱心な保護者のために、セミナーをいつかは開催できると信じています」

(1)「理由」+「確信」という順序で情報が並んでおり、そのまま訳しても分かりやすい英文になります。

(2)「早期英語教育は当地で非常に人気のあるテーマです」という理由は以前に Miller 氏にコンタクトした時にも当然説明しているはずです。そこで旧情報の理由を導く as を使い、次のように書き出します。As early education in English is one of the most popular topics here, 〜

(3)「セミナーをいつかは開催できると信じています」では、セミナー開催の可能性を、「希望」よりは強く、しかし「確信」よりも弱く論じたいところです。We feel confident that 〜 や We are almost certain that 〜 などのような「自信」として表出するとよいでしょう。

(4)「教育熱心な保護者のために」のような英訳しにくそうに見える日本語を間違いなく訳さなければならない場合には、「動詞を中心に英語を書くべし」（戦略 No. 9）を思い出しましょう。動詞を使い、たとえば「早期教育を高く評価する保護者」と考えれば those parents who evaluate early education と簡単に英語にすることができます。なお、次の文章ではこ

10. 断り状

れに appreciate という動詞を加え、文末にふさわしい重みを出しました。
⇒ As early education in English is one of the most popular topics here, I feel confident that some day we will be able to offer a seminar for those parents who evaluate and appreciate early education.

5. 「当方の事情をご賢察下さるようにお願いします」
これを Please understand our position. と訳し、ことばを補ってより丁寧な結びにすることを考えましょう。

=== 手直し案 ===

☐ 「お願いする」をへりくだって表現します。
We can only hope that you will understand our position.
※「依頼」ではなく「希望」、しかも「謙虚な希望」として表現します。
☐ understand をさらに丁寧にして「ご賢察下さる」のニュアンスに近づけます。
We can only hope that you will be good enough to understand our position.
※丁寧な文章にするには文を長くするのが一番無難でしょう。...that you kindly understand ～ と、kindly の1語を補うよりも、パワーアップさせることができます。
☐ 文章全体が長くなったので、文末の our position を重くし、文のバランスを良くします。
We can only hope that you will be good enough to understand the position in which we are placed.
※ our position のような所有格は〈the + 名詞 + 関係代名詞節〉に引き延ばすことができます。

⇒ In the meantime I can only hope that you will be good enough to understand the circumstances in which we are placed.

第4章　ビジネスメッセージの書き方を学ぶ

―――― **作成メッセージ例** ――――

Dear Mr. Miller,

With reference to the symposium on the teaching of English to children, which is scheduled for May 21, 200X, I have been informed by the head of the office staff that starting next year, it will be our policy not to offer admission-free seminars, symposia, or workshops.

Unfortunately, the symposium, which you were kind enough to agree to attend as a keynote speaker, falls in this category. For this reason, we are forced to postpone holding the symposium for an indefinite period of time.

I apologize to you for any inconvenience this may cause you. I am all the more sorry as we were beginning to make arrangements for this seminar, believing that the audience would find it highly informative.

As early education in English is one of the most popular topics here, I feel certain that some day we will be able to offer a seminar for those parents who evaluate and appreciate early education.

In the meantime I can only hope that you will be good enough to understand the circumstances in which we are placed.

Sincerely yours,

著者プロフィール

中邑光男(なかむら・みつお)

　1984年、神戸市外国語大学外国語学研究科英語専攻修了。専門はビジネス英語、ビジネスコミュニケーション。1990年、Rensselaer Polytechnic Institute 修士課程修了(フルブライト奨学生)。専門は Technical Communication。留学中に、*Journal of Technical Writing and Communication* 誌の Assistant Editor、FM ラジオ番組の DJ を務める。現在、平安女学院大学国際コミュニケーション学科助教授、同志社大学商学部非常勤講師、京都商工会議所ビジネス英語講座講師、大阪商工会議所ビジネス英語講座講師、英検1級面接委員。

基礎から学ぶ　英語ビジネス・ライティング

2003年10月30日 初版発行

著者
中邑光男
©Mitsuo Nakamura, 2003

発行者
荒木邦起

発行所
株式会社　研　究　社

〒102-8152　東京都千代田区富士見 2-11-3
電話　営業 (03) 3288-7777 (代)　　編集 (03) 3288-7755 (代)
振替　00150-9-26710
http://www.kenkyusha.co.jp

印刷所
研究社印刷株式会社

装丁
清水良洋 (Push-up)

装画
佐の佳子 (Push-up)

ISBN 4-327-43052-8　C1082　Printed in Japan

KENKYUSHA
〈検印省略〉